保育の心理学

―子どもの心身の発達と保育実践―

福沢 周亮 監修
藪中 征代／星野美穂子 編

教育出版

【監修者】

福 沢 周 亮　聖徳大学名誉教授

【編　者】

藪 中 征 代　聖徳大学

星野 美穂子　聖徳大学幼児教育専門学校

【執筆者】（執筆順。〔　〕内は執筆分担）

藪 中 征 代　聖徳大学〔1章，2章－1，3章－5，4章－1，5章－3〕

緒 方 玲 子　聖徳大学幼児教育専門学校〔2章－2，3章－3，6〕

星野 美穂子　聖徳大学幼児教育専門学校〔3章－1，4，5章〕

吉田 佐治子　摂南大学〔3章－2，4章－2，3，4〕

宮 本 智 美　聖徳大学〔3章－4，6章－1〕

玉 瀬 友 美　白鳳女子短期大学〔6章－2～6〕

まえがき

保育士，幼稚園教諭のように，直接保育所，幼稚園で乳幼児にかかわる保育者の方々には，乳幼児についての知識理解の獲得とともに，乳幼児とのかかわり方についての望ましい感情・態度の獲得が必須の条件として要請される。

実際には，保育所保育指針，幼稚園教育要領を基礎にして，その方向でさまざまな保育活動，教育活動が行われているが，特に，乳幼児の心理面の理解を目的とすると，実際の経験のみでは覆いきれないところがあり，今までも，保育士，幼稚園教諭の養成のためのカリキュラムの中に，発達心理学と教育心理学が用意されていた。

しかし，このたび，両者を統一して「保育の心理学」として保育に焦点を合わせた心理学が要請されることになり，本書はそれにこたえるものとして企画された。

今まで別々に行われていた発達心理学と教育心理学が，「保育の心理学」として統一されることの意義は大変大きく，いわば発達と教育の融合ということで，発達心理学的な見方と教育心理学的な見方を単に足したものではない。もともと発達には，教育もさまざまな形で関係しているのである。

したがって，本書では，誕生から年々発達していく乳幼児の心身の状態について，周囲のものがどのような働きかけをしており，どのようなかかわり方をしているのか，また，働きかけはどのようであるべきか，かかわり方はどのようであるべきか，を学んでいただくことを希望している。

多忙ななか，本書のために健筆を振るわれた執筆者の皆さんに，また編集の労をとられた教育出版の阪口建吾氏に厚く御礼申し上げます。

平成24年３月　福沢　周亮

目　　次

I

子どもの発達にかかわる心理学的基礎を学ぶ

—保育の心理学 I —

第1章 保育と心理学

1 保育とは

1. 保育の意義

保育は，保護の“保”と教育の“育”を合わせて作られたことばである。そして，子どもを“保護する”と“教育する”の2つの意味が含まれている。

ポルトマン*は，「他の高等な哺乳類に比べて，人間は未成熟で不完全な状態で産まれてくる（生理的早産）」[1]と指摘している。また，デューイ*は，「未成熟な状態で産まれ，その期間が長いことが人の特質である」と述べている。これらのことから，子どもに対してはその生命を守っていくこと（保護）と同時に，あるべき姿へとその内にある可能性を伸ばしていくこと（教育）が重要となってくる。すなわち，保育とは「人間（おとな）が人間（子ども）を，愛情をもって守っていきながら，あるべき姿へと育てていく営み」である。

「人間が人間を育てる」とは，社会的・文化的環境の中で，人間としての生活環境が与えられなければならないということを示している。では、人間的な生活環境が与えられなかったらどうなるのか。狼に育てられたインドの少女アマラとカマラ[2]，人間社会から引き離されて自然の中で一人ぼっちで生きてきたアヴェロンの野生児ヴィクトール[3]，故意に人間との接触を断たれて独房で

＊ポルトマン（Portman, A. 1897～1984）：スイスの動物学者。生物学の立場からの独自の学の体系を築いた。

＊デューイ（Dewey, J. 1989～1952）：経験主義の教育論を提唱したアメリカの哲学者。知識を教え込もうとする伝統的な教育を批判し，経験主義に基づいて，子どもの創造的・能動的な活動による教育を主張した。主著：『民主主義と教育』『経験と自然』『学校と社会』

育ったカスパー・ハウザー[4]など，いろいろな野性児の記録から学ぶことができる。

また，「愛情をもって守っていく」とは，まさにハーロウ*の代理母実験にみられることである。子どもにとって飢えなどの生理的欲求が満たされる以上に，身体接触による情緒の安定感や安心感などの社会的欲求が満たされることが重要なのである。

「あるべき姿へと育てていく」とは，おとなの子どもに対する，「このような人になってほしい」という願いに基づいた意図的な営みであるということである。『保育所保育指針』第１章総則にも，「保育所の保育は，子どもが現在を最も良く生き，望ましい未来をつくり出す力の基礎を培う」とある。そのためには，おとなが子どもを保護・養育するといった養護的側面とその実現のために，おとなが子どもを援助していくといった教育的側面が重視される。したがって，保育とは，養護と教育が一体的に行われることを基本とする営みである。

2. 保育者に求められるもの

(1) 人的環境としての保育者

乳幼児期の教育は，人間形成の基盤を培うものであり，心のよりどころとなる保育者の担う役割は重要である。保育者の役割として『幼稚園教育要領解説』には，①幼児の活動の理解者としての役割，②幼児の共同作業者としての役割，③あこがれを形成するモデルとしての役割，④遊びの援助者としての役割が明示されている[5]。これらの役割を考える際に，保育者は子どもにとって人的環境であることを忘れてはならない。

(2) 子育て支援の専門家

自然環境や地域とのつながりが薄れた現代家族の生活の中では，保育所や幼稚園という場を通して，保護者とのつながりを深め，ともに育つ環境を豊かにする活動に取り組んでいく必要がある。特に，保育士は「専門的知識及び技術

＊ハーロウ（Harlow, H. F. 1905～1981）：アメリカの心理学者であり，アカゲザルの愛情発達に関する実験的研究者として名高い。

をもって，児童の保育及び児童の保護者に対する保育に関する指導を行うことを業とする」と児童福祉法第18条の４により定められている[6)]。まさに保育士は，子どもの自らの伸びゆく力や保護者の自ら行う子育てを支える専門職なのである。

(3)　自己を振り返り，自ら学ぶ保育者

どんな職業であれ，さまざまな人とかかわり合って学び，自分自身を成長させていく必要がある。特に保育者は，謙虚に自分を振り返り，自分自身の保育を振り返る「省察」とその省察を生み出す他者（同僚や保護者）との関係をとらえなおす語り合い（対話）ができる力を身に付けることが大切である。

2　保育における心理学の意義と役割

保育者として，より豊かな保育実践を展開していくためには，個々の子どもの育ちの姿をとらえること，その育ちをかかわりと援助の視点やそのあり方を実際のかかわりを通して探究することである。そのために保育者には，子どもがモノ・人とのかかわりを通して，心，その根幹となる自我の育つ道筋を理解するとともに，その育ちを促す環境や人間関係のあり方を読み解くこと，また，保育の目的と保育のかかわりの過程やその方法を見きわめること，保育の場で子どもと保育者，子どもどうしがつくりだす物語を解釈していくことが必要である。すなわち，発達臨床の場として保育をとらえ，そこで展開される子どもの心と育ちを読み解いていくさまざまな視点と心理学的な知見を，保育者は身に付けることが必要となってくる。

この心理学的知見を利用するとは，子どもをモザイク的に理解することではない。保育における心理学の意義は，第１に，子どもを生きた人間としての姿としてまるごととらえるために，第２に，子どもを受けとめて自分の保育を物語化するために，心理学的知見を活かして子どもの心の育ちとその援助のあり方を臨床的に探るためにある。

1. 子どもの発達の現状をみる

事例 1-1

散歩に行く（１歳女児　６月）

「さきちゃん，散歩に行こうか」と声をかけると，いつもはなんとなく歩いているさきちゃん。この日も保育者と一緒に部屋を出てテラスに座った。この日のさきちゃんの目はいつもと違い何かを見ているようだったので，何も言わずに見守った。さきちゃんは先に出ていたゆかちゃんが歩いている姿や外の雰囲気を見ていた。それから，さきちゃんの目が自分の靴に向き，そして，自分から靴に足の指先を入れ，足首を指先で動かし“靴をはくんだ”という気持ちが伝わってきた。保育者が手伝いながら靴をはくと，最後に人差し指で，マジックテープの上をギュッと押してニコニコしていた。

友だちのゆかちゃんが歩いて散歩に行こうとしているのを見て，「散歩に行く」という行為の表象が呼び起され，「これやるんだ！」という目的意識がはっきりと引き出されたのだとわかる事例である。指でマジックテープの上をギュッと押したのは，「はけた！」という達成感と「よし，いくぞ」という目的意識とが合わさって引き出された行動であると考える。

そこで，保育者は子どもたちを前に，まず一人ひとりの子どもの発達の現状を読み取ることが求められる。子どもの個性的な発達をみるということは，目の前にいる子どもの発達の現状を読み取り，その子どもに今，またはこれから必要なものは何かを探ることである。

2. 子どもの心情を察知する

保育所・幼稚園では，子どもどうしの幼いかかわりの中で互いに衝突したり，がまんしたりしなければならない場面を数多く経験する。保育者は一人ひとりの子どものその時その場面における心情を，子どもの表現を通して感じることができる。しかし，保育者は子どもの表現に気づくだけでは不十分であり，子どもの心情を感じ取って自らも共感し，さらにその時の子どもに適切な応答をすることが保育者の援助として求められている。子どもの表現は大変素朴であるので，その表現は見る人にとって理解しにくいことも，見落としてしまうほどの小さく弱い場合もある。だからこそ，保育者の感性に，詳細なアンテナを準備して子どもの表現を受けとめたいものである。子どもの表現をよしあし，上手下手に振り分けようとしている保育者は，子どもの表現の本当の意味を見損なってしまう。そこで，子どもが今何に注目し，そこから何を感じているか，保育者自身の心をその子どもの心に寄せて感じ取ることが大切である。

下の事例を読んで，つばさくんは，なぜ泣いているのか，その理由をつばさくんになって考えてみよう。

事例 1-2
泣いているつばさくん　（3歳男児　4月）

いつもは元気に登園してくるつばさくん。今日はお母さんにおんぶされてやってきた。そして，玄関のところで，急に大声で泣き出した。担任が手をつないで，保育室に連れて行こうとすると，お母さんにしがみつき，ますます泣き声は大きくなるばかりであった。

3　乳幼児の発達を理解することの意義

人間の発達は，生まれてから死ぬまでの一生涯を通して見受けられる。特に，乳幼児期の心身の発達は著しく，一生涯の中でも類をみない特徴を有している。そのため，保育者はもちろんのこと将来保育者を目指す学生にとって，子どもの心身の発達についての基礎知識は不可欠である。したがって，「保育の心理学」の講義・演習を通して，子どもの心身の発達をさまざまな側面（身体・運動，認知，情緒，言語，対人関係など）から理解し，保育者として乳幼児の発達を支える役割について学ぶことが大切である。

では，このように保育者を目指して大学等で学んでいくということは，みなさんが保育現場に出た時にどのように役に立つのであろうか。大学等での授業を「理論と実技」という枠組みで考えると，就職後すぐに役に立つのは実技である。理論的なものが役に立ってくるのは，３年目以降の余裕が出てきてからのようである。すぐに役立つ実技は自信のない新任の時代の支えになる。しかし，実技においてもただ，手遊びをしたり，ダンスを踊ったりするだけではなく，本来はその実技に込められた思想とともに実技を理解し，どのような保育を進めていきたいのかを基本とした保育理論をもっていなければ，ツギハギの保育になってしまうのである。一生成長し続けられる保育者でいるためには，保育現場に出る前に，学ぶことが主な活動である学生時代を無駄に過ごさないでほしい。

ここでは，乳幼児期の発達を理解する意義として，次に示す２つの視点から探ってみる。

1. 発達する姿をとらえる視点

一人ひとりの子どもがその子らしさを発揮しながら，発達に必要な経験を得ていく場としての保育所・幼稚園においては，子どもの生活する姿から発達を読み取ることが大切な意味をもつ。

では，子どもの発達する姿はどこから読み取れるのであろうか。「発達」というと「あれができるようになった，これができるようになった」という表面に現れた現象だけに目を奪われがちである。しかし，何かができるようになったことだけに目が向いてしまうと，一方的に新しいことを教え込んだり，おとなが必要と考える活動を次々に与えたりしていくだけの教育になってしまうおそれをはらんでいる。「発達」とは，何かができるようになることではなく，人格の全体にかかわる深い意味をもつものとしてとらえなくてはならない。そして，子どもは自ら能動的に環境に働きかけて発達に必要な体験を重ねることにより，経験を得ていく力をもっているのである。したがって，子どもが発達しようとしている姿を読み取る目を身に付けていくことが保育者には必要である。

2. 子どもの内面を支えるソーシャルワーカー的視点

子どもが生きる希望をもてるように，心の内面を引き出し，支えていけるような援助をしていくこと，すなわちソーシャルワーカー的視点が保育者に求められる。保育者は，子どもの養護・教育の援助者であるが，単に「おむつを替える」「食事の援助をする」「だっこをする」「散歩に行く」「歌を歌う」「ピアノを弾く」などといった作業ワーカー的要素の強い，目に見える活動の羅列に終始していては「心の教育」には及ばない。ここで大切なのは，保育者自身がそれらの活動を通して「子どもの何を育てたいのか」ということである。

たとえば情緒の発達は，はじめに「快」「不快」の２つに分化する。子どもが「愛情」を認知し，「この世に生まれてよかった」と認知するには生後およそ１年の歳月が必要であるのに対して，人を嫌悪することの認知はわずか６か月である。この事実を見ると，人間の生きる生命の根源である「心」は乳幼児期に決定しているといっても過言ではないだろう。さらに「愛情」の認知も「嫌悪」の認知も，乳幼児期の子どもの生活を通しての，「快」か「不快」でしかないという事実を，保育者を目指すみなさんは真摯な思いで受けとめてほしい。

「すごいね」「よくがんばったね」という保育者からの励ましのことば，「先生，見ているから」「生まれてきてよかったね」ということばにならないメッセージまで，すべてが子どもの内面，内なる可能性を見つめる保育者のまなざしによるものである。子どもの見えない内面を感じ取る力が保育者には必要である。

（藪中征代）

演習課題

①自分はなぜ保育者になりたいのかをまとめてみよう。幼少時代から現在までのライフヒストリーを作成し，考えてみよう。

②「保育者」ということばからイメージすることを自由に，思いつくままに書き出してみよう。１人10枚ぐらいのカード（縦横５㎝くらい）を持ち，１枚のカードに１つイメージしたことを書く。次にグループに分かれて，書かれた内容を似た内容ごとにまとめ，できた仲間に名前をつけてみよう。

③あなたの子ども観（子どもをどんな存在としてみるか）について考え，クラスメイトと意見交換してみよう。

推薦図書

●『保育者のために』　平井信義　新曜社

保育者とは何か，保育とは何かを考えるときにぜひ読んでほしい一冊。「保育は子どもの人格形成を目指すものであり人格形成の柱を意欲と思いやりにおく事が必要です」と本書の中で述べられている。

●『保育士になるには』　田辺敦子・金子恵美　ぺりかん社

保育士になるための基本的な情報が満載のとてもわかりやすい一冊。

【文　献】

1）ポルトマン，A．高木正孝訳　1961『人間はどこまで動物か』岩波新書

2）シング，J. A. L.　1977『野生児の記録１　狼に育てられた子』福村出版

3）イタール，J. M. G.　1977『野生児の記録７　アヴェロンの野生児』福村出版

4）フォイエルバッハ，A. V.　1977『野生児の記録７　カスパー・ハウザー地下牢の17年』福村出版

5）文部科学省　2008「第３章第２節　教師の役割」『幼稚園教育要領解説』

6）厚生労働省　2008「第１章総則　第６節保育士　第18条の４」『児童福祉法』

第2章
子どもの発達と保育

2

1 発達とは

1. 心理学における発達段階

(1) 発達の定義

心理学において発達とは,「受精してから死に至るまでの生涯を通じて生じる,上昇・下降の両面性をもった心身の変化の過程」と定義されている。

バルテス*は「発達は全生涯を通して,常に獲得(成長)と喪失(衰退)とが結びついて起こる過程である」(図2-1参照)と定義している[1)]。

発達において「変化」は重要な側面である。その変化は常に上昇的な意味をもつわけではない。たとえば,運動発達の面では,原始反射(新生児反射)*が消失するころ,子どもは自分の意思で自由に手足を動かせるようになる。また,乳児期の子どもの発音は世界共通であるが,その後,日本の子どもは日本語に含まれる発音を上達させていき,日本語にない発音(例:英語のrとlを区別する発音)は消失してしまう。すなわち,日本語の発音の獲得に伴い,英語の発音の可能性を減少させる。このように,発達とは上昇(獲得)と下降(喪失)の両面性をもつものである。

また発達とは,受精から生涯を終える時までの過程全体をさすようになり,

＊バルテス(Baltes, P.B. 1939～2006):元マックス・プランク研究所研究員で生涯発達心理学を提唱した。

＊原始反射(新生児反射):詳しくは第2章2 1. (2)新生児期の発達参照。

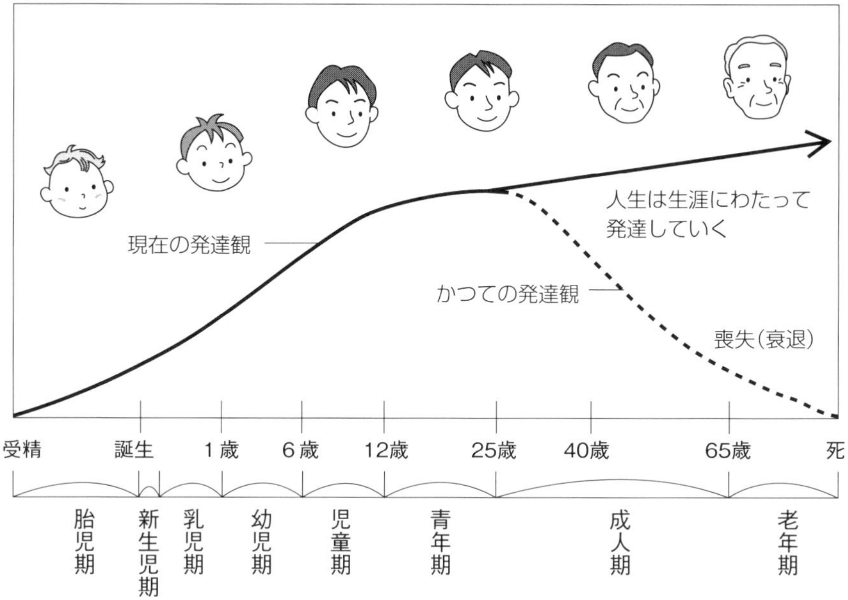

図２−１　バルテスの生涯発達の考え方

生涯発達の視点が強調されるようになった。まさに人生の始まりから終わりまで，私たちはさまざまな発達をとげていくことになる。こうした生涯発達の視点に立つと，乳幼児期の保育の大切さが理解できるであろう。なぜなら，教育とは，人の一生を見通して行うべきものであり，単にその時期の能力を向上させればよいだけの営みではない。したがって，保育においては，その対象である子どもや人間の一生の理解を深めることが必要なのである。

(2)　発達の原理

人間の発達は一定の原理にしたがって進んでいく。次の８つの原理がよく知られている。

①発達は個体と環境との相互作用の過程である

たとえば，子どもを１人でテレビを見るだけの環境に長く置くと，好奇心を妨げ，学ぶ意欲は発達しない。意欲を発達させるためには，テレビの内容について話す相手が必要である。

②発達は分化と統合の過程である

たとえば，乳児が積み木をつかむ行動は，最初は指全体を使って握るようにつかむ未分化な状態から，親指と人差し指でつかむ分化した状態へと発達する。

③発達は一定の順序性がある

その順序性は逆転することはない。たとえば，ことばの発達では，出生とともに音声を発し，喃語（なんご），初語を発し，一語文や二語文，三語文を話す，という順序で発達する。

④発達は一定の方向性がある

基本的な方向は，「頭部⇒尾部（お尻のほう）」と「中枢部⇒末梢部」である。身体のわりに手足が小さい「赤ちゃんらしい」体型は，発達のスピードの違いによるものである。

⑤発達は連続的に進む

発達は連続的な過程である。発達には休止や飛躍はなく，表面的には止まっているように見えたとしても，身体や精神はいつも変化し続けている。

⑥発達は相互に関連している

たとえば，身体機能の発達が運動の発達を促し，運動の発達が遊びの発達を促している。さらに遊びの発達によって知能が発達し，集団での遊びが現れるとことばや社会性の発達を伸ばす，というように発達のあらゆる面は相互に関連し合って全体的発達につながっていく。

⑦発達には個人差がある

発達は個人によってその速度は異なり，個人差が大きい。早いから有能なわけでも遅いから遅れているわけでもなく，個性というべきものである。

⑧発達には周期性がある

発達には時期ごとに優勢な特徴があり，以前現れていた傾向が繰り返し現れる。たとえば，乳児期は外界のものに興味を示し，幼児期になるとごっこ遊びでイメージの世界にひたり，児童期になると科学的なできごとや読み物に熱中するというように，時期ごとの特徴があるということであり，これを繰り返しながら発達が進むのである。

(3) 発達段階と発達課題

発達によって質的変化が生じるとき，発達過程を一定の時期で区切り，それぞれの発達の特徴を理解していくことがある。このように発達過程を一定の時期で区分されたもの（質的に異なったまとまり）を**発達段階**と呼ぶ。よく知られている区分としては，胎児期・新生児期・乳児期・幼児期・児童期・青年期・成人期・老年期（図２－１参照）といったものがある。

個人が正常な発達をとげるには各発達段階において，達成されることが期待されている課題がある。そのような課題を**発達課題**という。発達課題は，人の発達において最低限達成されなければならない基本的な課題であり，もしその課題が達成されない場合，次の段階への移行が困難になる。たとえば乳児期における主たるケアは，授乳とおむつの取り替えであるが，そのケアを通して乳児と養育者（親・保育者）の間の心の絆を形成することが重要な課題である。

表2－1は，エリクソン*が示した人生の各段階における発達課題である[2)]。エリクソンによれば，乳児期の発達課題は，基本的信頼感を育むことである。また，幼児前期では，しつけが始まり，後期では子どもの遊びが始まるが，各段階で育む課題は自律性と自主性である。これは自律性を育むしつけと，自主性を育む遊びや生活のサポートが大切であるということである。

表2－2はハヴィガースト*が示した発達課題である[3)]。ハヴィガーストは，①身体的成熟，②社会・文化からの圧力，③本人の欲求の３つの領域に分けて，具体的な発達課題を設定している。たとえば，乳幼児期の１番目の発達課題「歩行を学ぶ」は，基盤に身体的成熟があり，「歩いてほしい」という社会・文化的要請やそれと関連してもたれる「歩きたい」という本人の欲求が関与している。また，ある時期の発達課題を習得していないと次の段階の発達課題の習得に影響を与えると述べている。発達課題は社会的な要請に強く影響されるので，その具体的な内容については時代や文化によって大きく異なる。

＊ エリクソン（Erikson, E.H. 1902～1994）：アメリカの心理学者。『幼児期と社会』は名声を高めた著作である。

＊ ハヴィガースト（Havighurst, R.J. 1900～1991）：乳児期から老年期までの全発達段階の発達課題を設定した。

2

表2－1　エリクソンの発達課題（Erikson, 1964）

段階		心理的危機	重要な対人関係	特徴
Ⅰ	乳児期 0～1歳	信頼 対 不信	母親	誰か（親）を心から信頼できるという気持ちをもてるようになることが大切な時期。
Ⅱ	幼児前期 1～3歳	自律性 対 恥，疑い	両親	自分の意思で排泄や生活をコントロールできることを学ぶ時期。
Ⅲ	幼児後期 3～6歳	自主性 対 罪悪感	基本的家族	自分で考えて自分で行動することを覚える時期。おとなは子どものやろうとする気持ちを大切に育てる必要がある。
Ⅳ	児童期 6～12歳	勤勉性 対 劣等感	近隣，学校	やればできるという体験をして，勤勉に努力することを覚える時期。
Ⅴ	青年期 12～20代 半ばごろ	自我同一性 対 同一性拡散	仲間集団， リーダーシップ のモデル	自分はどのような性格なのか，将来どのような生き方をしたいかを模索しながらアイデンティティを確立していく時期。
Ⅵ	成人前期 20代後半～ 30代半ばごろ	親密性 対 孤独	友情，性， 競争， 協力の相手	特定の異性と親密な関係をもつことで相手を尊重し，大切に思う気持ちを育む時期。結婚して家庭を築く人が多い。
Ⅶ	成人後期 30代後半～ 60代半ばごろ	世代性 対 停滞	分業と共有 の家族	次の世代の人々（子ども，孫，生徒など）のために知識・経験・愛情を継承していく時期。
Ⅷ	高齢期 60代後半	自我の統合 対 絶望	人類	今までの人生を振り返り，自我の統合をはかる時期。

エリクソンの発達課題からもわかるように，子どもに対するサポートは，成人期にある親や保育者などの身近なおとなによってなされる。すなわち，子どもの存在は，成人期のおとなの親密性の獲得を支え，おとなが親密性を適切に獲得していくことが乳幼児期の子どもの基本的信頼感と自律性，自主性を育て

表２－２　ハヴィガーストの発達課題（Havighurst, 1972／児玉他訳，1997より）

乳幼児期 	●歩行を学ぶ ●固形の食べものをとる ●話すことを学ぶ ●大小便の排泄習慣のコントロールを学ぶ ●性の違いと性に結びついた慎みを学ぶ ●両親，きょうだいや他者と，情緒的に結びつくことを学ぶ
児童期 	●ボール遊び，水泳などに必要な身体的技能を学ぶ ●同年齢の友だちと仲良くする ●良心，道徳性，価値観を発達させる ●自立的な人間性を達成する
青年期 	●同年齢の男女と新しい関係を築く ●両親や他のおとなからの情緒的独立を達成する ●経済的独立に関する自信の確立 ●職業の準備をする ●結婚と家庭生活の準備をする ●社会的に責任のある行動を求め，成し遂げる
壮年初期 	●就職する ●配偶者を選択し，家庭を形成する ●子どもを養育する ●家庭外の社会集団の福祉のために責任を負う
中年期 	●おとなとしての市民的社会的責任を負う ●一定の経済的生活水準を確立し，維持する ●子どもが幸福なおとなになれるよう援護する ●中年期の生理的変化を理解し，適応する
老年期 	●肉体的な強さと健康の衰退に適応する ●隠退と減少した収入に適応する ●配偶者の死に適応する ●自分と同年代の人たちと明るい関係を確立する

＊社会文化からの要請は時代や社会によって異なるため，現代の日本の社会・文化において必ずしも提要できるものではない。

るために必要な要件になる。すなわち，子どもが人間的になっていく過程は，親が親になる過程と相互に絡み合っており，子どもの育ちを保障できるおとなの育ちの重要性を示しているといえよう。

⑷　子どもの発達と環境

子どもは，まわりとの関係の中で，自分を変えたりまわりを変えたりしてバランスをとりながら発達する。保育所や幼稚園は，「社会化」のプロセスを形成する場として大切な意味をもつ。**社会化**とは，環境の条件（育つ社会や文化）に合うような態度，価値観，行動様式などを身につけていく過程である[4)]。たとえば，人間関係を円滑にするためには，ことばがわかる，人の話を聞く，単純な事物の概念や正・不正の区別が理解できるなど，ある程度の知的能力が必要である。また，基本的生活習慣の獲得や運動機能の発達がなければ社会に適応することが困難になるだろう。これはピアジェ*のいう「調節」*のことで，たとえば「郷に入っては郷に従え」ということわざのように，人が環境に折り合いをつけることをいう。人は，生後，乳児期から成人期に至るまでの各時期で社会に必要な行動様式を学び，社会生活が可能になる。このように，学びを通して社会生活に適応していく過程が社会化である。

しかし，人は同じ社会，文化の中にいるからといってまったく同じ人になるわけではない。人と同じでありたいと思う反面，人と違う欲求をもったり，人と違う存在でありたいと願ったりもする。このように，人は社会化の一方で，各自の独自性を強めていく**個性化**の過程も備えている。個性化とは，環境の条件を自分に合うように変えることである。これはピアジェのいう「同化」*のことであり，人が，環境に働きかけて環境を変化させ，自分にとって適応しやすいようにすることである。

社会化と個性化の周期的発達段階という研究がある（**図2－2**）。周期的発達段階とは，「社会化」と「個性化」とが，規則的に1つおきに交互に現れ行動範囲が広がっていく過程のことである。人間形成は，このような過程をたどって進んでいくのであり，社会化と個性化は逆方向の機能をもっている。しかし，人が生きていくためには，社会化だけでも個性化だけでも適応は成立せず，補い合う「相互補完性」という関係が必要である。すなわち，個性は社会

＊**ピアジェ**（Piaget, J. 1896～1980）：スイスの心理学者。認知や思考の発達を研究した。
＊**調節**：詳しくは第3章 2 認知の発達参照。
＊**同化**：詳しくは第3章 2 認知の発達参照。

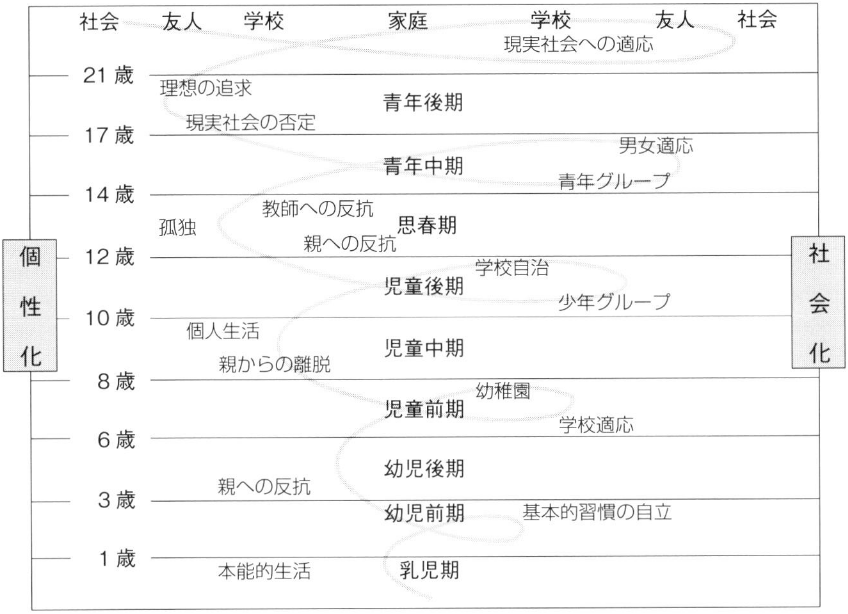

図2－2　社会化―個性化の周期的発達段階

の中で発揮されて初めて他者にも個性として認められるものである。したがって，個々人の社会性自体も個性の一部となりうるのである。

2. 発達のしくみ

(1) 発達における遺伝と環境

発達を考えるとき，遺伝の影響が話題になる。親の身体的特徴によく似た特徴をもって子どもは生まれてくる。髪の毛や皮膚の色，目の色や形，顔の形などによって「お父さんによく似ている」「お母さんにそっくり」などと表現される。さらに，血液型は両親の血液型から子どもの血液型は推定できる。このような身体の生理学・解剖学的特徴の遺伝は，はっきりした事実であり，否定できない。では，ここで考えてほしい。心理学で問われるのは「心理的なものの遺伝」である。抽象的思考や学力のような知的なもの，人格の諸特性は遺伝するのか，である。また，保育現場において統合保育が進む中で，障がいをもった子どもとかかわっていくとき，その障がいが生まれながらに決まったものであるのか，それとも生まれた後の環境や経験によって形成されたものなのかでは，子どもの理解やかかわり方が大きく異なる。

発達には，一般に「**成熟**」と「**学習**」という２つの面があると理解されている。成熟とは，環境のよしあしにはほとんど関係なく，生得的に親から受け継いだものが時間の経過とともに外に現れることである。たとえば，身長は成熟に強く規定され，親の身長が高ければ子どもの身長もほぼ高くなる。栄養条件などの環境要因は世代間の違いをもたらすことはあるが，同じ世代の中での相対的な位置はほとんど変わらない。

それに対して，学習（第４章参照）とは，経験の結果生じる比較的永続的な変化のことである。たとえば，親が子どもと話をしなかったり，絵本などを見せなかったりして言語環境が悪い場合，ことばの獲得のための経験が劣悪なためにことばの獲得が遅れるというようなことである。成熟は「遺伝」，学習は「環境」の問題といわれている。以下に子どもの発達についていくつかの理論を紹介する。

1）　遺伝説（成熟優位説）

遺伝説とは，人間の発達には遺伝的にあらかじめ決められているプログラムがあり，発達の基本的な変化や順序は環境によって変わることなく，成熟によって決まるという考え方である。

ゲゼル*は，成熟優位説を提唱し，一卵性双生児を対象とした階段のぼりの訓練を行った。一方には，生後46週目から６週間にわたって訓練を行った。その間，もう一方には何もしなかった。ところが，彼らに相手の訓練が終わった後で２週間だけの訓練をしたところ，相手よりも階段を早く上れるようになったのである。このことから，成熟を待たずに行われる学習は無意味である。すなわち，学習には「それを成立させる準備状態」（**レディネス**）が必要であり，それは成熟により獲得されるとした。

2）　環境説（学習優位説）

環境説とは，人は白紙の状態で生まれてきて，その後の環境から与えられる

＊ゲゼル（Gesell A. 1880～1961）：双生児研究を行うことで成熟優位説を示した。

経験や学習を通してさまざまな行動を獲得していくという考え方である。環境説は行動主義*に基づいており，ワトソン*が提唱した。行動主義では刺激に対する反応の繰り返しや反応への「強化」*によって行動が獲得されると考える。強化とはある行動に対する報酬（あるいは罰）を与えることによってその行動をしようとする動機づけ*を強めることである。たとえば，子どもがガラガラを持って振ったら音が出た時，その音が楽しくて何度も振ったとする。これは音が出るという楽しさ（報酬）がガラガラを振るという行動を強化したといえる。

3）　輻輳説

遺伝か環境かの論争の歴史は古く，多くの研究者によって論議がなされてきたが，この論争に終止符を打ったのがシュテルン*である。**輻輳説**（ふくそう）は，遺伝と環境がともに重要と考え，遺伝と環境の影響を加算的にとらえている。発達には遺伝と環境の両要因が作用しているが，その影響の割合は，遺伝の影響が20％で環境の影響が80％というようなとらえ方である。

4）　相互作用説

相互作用説は，遺伝と環境がともに重要と考えるが，それらの影響を相乗的にとらえ，ジェンセン*が提唱した。たとえば，優秀な音楽的才能（遺伝）の持ち主がいつも音楽の流れる家庭（よい環境）で育つことによって音楽的才能は開花する。それに気をよくした本人が今度は自覚的に音楽に接するようになれば，音楽的才能はいっそう見事に開花するようになるといったことである。人の実際の行動を考えてみると，成熟（遺伝）と無関係に学習（環境）という行動は生じないし，環境の支えをまったく必要としない成熟もありえない。成熟が学習を促し，また，学習が成熟を促すという形で相互に影響し合いながら人の発達を支えている。今日では，相互作用説が最もうまく説明できると考えられている。

---

* **行動主義**：アメリカで始まった心理学の１つ。直接観察の可能な行動を研究対象とし，刺激と反応の関係を解明することを目的とする。
* **ワトソン**（Watson, J. B. 1878～1958）：心理学が科学的であるために客観的に観察可能な行動を対象とすべきとした行動主義心理学の創始者。刺激－反応（S－R）心理学を確立。
* **強化**：詳しくは第４章２さまざまな学びの理論参照。
* **動機づけ**：詳しくは第４章４子どもの学びを育む参照。
* **シュテルン**（Stern, W. 1871～1938）：ドイツの心理学者。人間は目的追求的，価値現実的な存在であるという考え方に基づく人格心理学を提唱。
* **ジェンセン**（Jensen, A. R. 1923～）：遺伝的素質がどのようなものであるかによって環境要因から受ける影響の程度が異なると考えた。

(2)　発達初期の経験の重要性

初期経験とは人生初期の経験のことである。初期経験は脳の発達との関係が深い。胎児の体内での経験も，初期経験と考えられる。初期経験は，その後の発達に決定的な影響を与えるものである。

初期経験の重要性についてはローレンツ*の**刻印づけ**が有名である。これは，「**インプリンティング**」「**刷り込み**」ともいう。ガンやカモなどの離巣性の鳥類には，孵化(ふか)した後にはじめて出会った動く対象を追う行動が見られることを刻印づけという。いったん刻印づけが成立してしまえば，その結果は永続的である。しかし，もし発達初期の特定の期間に動く対象と出会わなかった場合，その後にどのような経験をしようとも刻印づけは成立しない。このように学習が発達上の特定の時期に限って成立し，その時期を逃すともはや学習が成立しなくなる時期を**臨界期**という。人には動物に認められるような臨界期は存在しないが，発達の過程で，発達課題を容易に達成できる時期，**敏感期**は認められている。

(3)　初期経験の剥奪

ハーロウが，アカゲザルを母親や仲間から引き離し，1匹だけ隔離して育てるという実験を行っている。母親や仲間とともに過ごすという経験を一定期間させないで育てると，群居性の種であるにもかかわらず仲間とかかわれず，異常な行動をとるようになってしまった。人において，初期経験の重要性が示されているのが野生児である。野生児の例は，人としての遺伝的素質をもって生まれても，それを実現する環境がなければ「人」として生存しないことを示している。

(4)　発達と保育

保育を考えるうえで重要なことは，発達を待って保育するか，保育することで発達を促すかという問題である。すなわち，「レディネス待ち」か「レディ

---

* ローレンツ（Lorenz, K. 1903～1989）：ノーベル賞を受賞したスイスの動物学者。

ネス促成」かの問題である。前者の立場では，いつ，どのような学習が可能であるかを知ることが何よりも大切である。しかし，発達は環境的要因との相互作用によるものであると考えるならば，単にレディネスを待つのではなく「発達を導く保育」を考えるべきであるという主張が，現在は主流となっている。

ヴィゴツキー*は，教育は「**発達の最近接領域**」*を基礎とすべきであるという考えを提唱した（**図２−３**参照）。過去から未来にわたる連続を考えた時，子どもが自分一人でできる水準である「今日の発達水準」と自分では解決できない，おとなや仲間が少し手助けしてならできる水準である「明日の発達水準」の間に，教育が問題とするべき発達水準があると考えた。そして，この間のズレの範囲を「発達の最近接領域」と呼んだ。自分一人ではできないが，保育者や友だちからやり方を教えてもらったり，保育者や友だちのやり方を見てヒントにしたりといった相互作用を通してできること，今まさに発達しかけている領域のことを意味している。また，ヴィゴツキーは，「遊びは発達の源泉であり，発達の最近接領域をつくり出す」と主張している[5)]。このことから，幼児期においては，たとえば新しい遊具やルールによる遊び方や他者とのかかわり方について保育者に援助を受けたり，友だち同士で教え合ったりといった活動を遊びの中で経験することを通して，子どもはその発達の水準を高める機会を得ているといえるだろう。実際の保育の場面においては，一般的な発達のしくみと様相を理解したうえで，個々の子どもの状況を見きわめ，今のその子にとっての発達の最近接領域は何かを知ろうとすることが求められている。

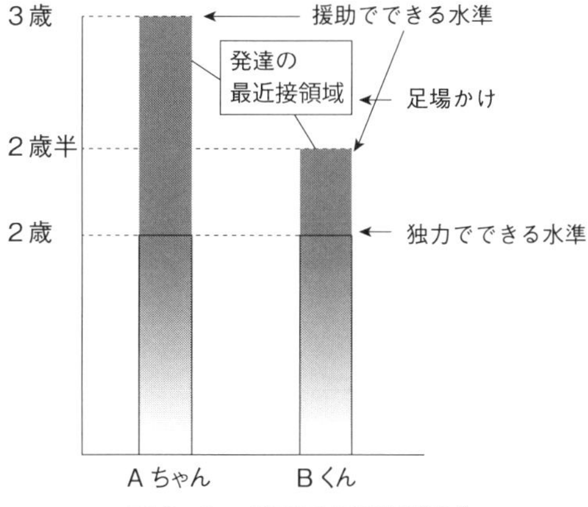

図２−３　発達の最近接領域

＊ヴィゴツキー（Vygotsky, L.S. 1896〜1934）：旧ソビエト連邦の発達・教育心理学者。

＊**発達の最近接領域**：たとえば，知的水準が３歳でほぼ同じＡちゃんとＢくんがいる。独力で問題を解決できる水準では２人の間に差はみられない。しかし，援助が与えられるとできる水準がＡちゃんは３歳，Ｂくんは２歳半だった場合，2人の最近接領域は異なることになる。

(5)　ヴィゴツキーの理論に基づくカリキュラム

ヴィゴツキーの理論に基づく保育とはどのようなものであろうか。まずは下の事例 2–1 を読んでみよう。

事例 2-1　子どもに教えるコツ　(4歳児)

けいこちゃん，ゆうこちゃん，たかしくんの3人が「先生，折り紙しよう」と折り紙の本を持って実習生のところに来る。実習生が「何折るの？」と聞くと，『やっこさん』というので，ていねいに説明しながら折り始める。しかし，たかしくんは，きっちり三角や四角に折ることが難しく，「できない，できない」を連発している。しばらくすると，けいこちゃんとゆうこちゃんは，実習生に少し手伝ってもらったが，『やっこさん』を折りあげた。たかしくんは，ほとんど折れておらず，「ぼくもうやめるー」と言ってほっぺたをふくらましている。

実習生はあわてて，「じゃあ，今度は違うの折ろうか？」と提案し，もう少し簡単な『船』を折ることを3人に提案した。そして，たかしくんには，最初よりももっとていねいに端と端を合わせて折ることをゆっくり一緒に折りながら説明した。すると，たかしくんは今度は真剣な顔で三角折りをしている。「上手にできたね」とほめると，たかしくんはとてもうれしそうな顔をした。ところが，けいこちゃんとゆうこちゃんは物足りない様子で，「もっと難しいのが折りたい」と言ってきた。子ども一人ひとりが楽しく熱中して折り紙を折るには，ちょっとだけ助けてあげるくらいの難しさが大切なのかなと，実習生は思った。

このように保育者は，子どもの発達に即した最近接領域を設定できるように，それぞれの子どもの発達の状態を十分把握する必要がある。難しいことのように聞こえるが，保育者が子どもとかかわるうえで，子どもの行動を調整したり，一緒に行動に取り組みながら成功する方法をやって見せたりすることはよく見かけることである。このような行動は，**足場かけ**と呼ばれている。足場かけは，まさに子どもの発達の最近接領域に働きかける援助であり，さらには子どもが一人でできるようになったことを見極め，タイミングよく足場を外すことも重要である。

近年，ヴィゴツキーに影響を受けている教育カリキュラムとして，イタリアのレッジョ・エミリア市の取り組みが注目されている。これは，特にヴィゴツキーの考えをもとに，子ども同士の共同や教師などおとなの援助の下でのプロジェクト活動を通した，発達を目指すカリキュラムである。この教育の特徴の１つは，子どもの造形表現を促すことにある。また，この造形活動は，教師によって指示されたことではなく，子どもたちの興味や関心から生じたことに関して，数人の小グループに分かれて，「プロジェクト」と呼ばれる活動を通して行われる。さらに，レッジョ・エミリア・アプローチ*では，「アトリエリスタ」と呼ばれる芸術教諭や「ペタゴジスタ」と呼ばれる教育指導者などが在籍し，彼らと保育者が協力しながら，園と地域，家庭と地域の連携を通して町全体で子どものプロジェクトを支持している[6)]。　（藪中征代）

2　生涯発達の特徴

1. 胎児期・新生児期の発達と発達課題

(1)　胎児期の発達

胎児期は生物学的にみて，以下の３つの時期に分けられる。

①**胚期**：受精から受精卵が子宮に着床するまでの８～10日間。

②**胎芽期**：受精卵の着床から胎生第８週までの時期。

身長約２cm，体重約４g，諸器官の原形が形成される。この時期は，放射線，化学物質，ウイルス感染など環境の影響を強く受ける。

③**胎児期**：胎生第９週から出生までの時期。

胎児期は厳密には胎生第９週以降ということになるが，一般には母親の胎内

＊**レッジョ・エミリア・アプローチ**：L. マラグッチにより考えられたカリキュラム。造形活動を通して発達を促すという視点や地域との連携などは，日本の保育現場にも多くの示唆を与えるものである。

にいる期間すべてを胎児期と呼ぶことが多い。

近年，超音波断層装置の開発により，子宮内の胎児を観察することが可能になり，胎児は母胎の中にいるうちから種々の能力をすでに備え，それらを活発に活用しながら子宮外生活への準備をしていることが明らかになってきた。妊娠4か月では胎児の心肺の規則正しいリズムが確認でき，活発に手足を動かしており，5か月ではさらに活発になり，母親は「**胎動**」として感じるようになる。感覚器官もかなり発達してきて6か月ごろから強い光刺激に対してまぶたを開閉し，眼球をきょろきょろさせて反応する。聴覚機能も完成し，胎児に声をかけたり，音楽を聞かせたりすると，心拍数が上昇する。妊娠7か月では，もういつでも外界で生活できるほどに諸機能の十分な発達がみられる。

胎児によい体内環境を与えることは大切なことである。胎児の発達に悪影響を与えるものにはアルコール，タバコ，薬物などがあげられる。妊婦の慢性的な長期にわたる飲酒により，中枢神経の異常をもって生まれてきた子どもを，**胎児性アルコール症候群**という。妊娠中に母親が常習的にタバコを吸うと，吸わない母親に比べて低出生体重児が生まれる頻度が2～4倍であるという報告や，乳幼児突然死症候群による死亡率の増加も指摘されている。また，薬物は胎盤を通って胎児に移行する。サリドマイド薬による四肢の形態的異常は社会的にもよく知られている。形態的異常は妊娠初期とされる妊娠15週末までに起きる。とくに，心臓，消化器，中枢神経，四肢などが形成される妊娠4～7週は，薬物の影響を受けやすい時期である。妊婦も妊娠に気づきにくい時期であることから，妊娠の可能性のある場合は，服薬には十分な配慮が必要である。

胎児や新生児に影響を及ぼす母親の心理状態として抑うつがある。妊婦のうつ発症率は，4～16%といわれる。**マタニティブルー**で知られる産後の抑うつは40～70%の産婦が経験するといわれている。一週間程度の一過性のものである場合が少なくないが，産後うつに移行するケースもある[7)]。母親の抑うつやストレスは子どもの発達に影響を及ぼすものであるので，母子の周産期の心理的健康のためにも助産師やまわりの身近な人々からの心理・社会的サポートは重要である。

(2)　新生児期の発達

1)　発達の特徴

赤ちゃんは妊娠約40週で誕生し，生まれた時の体重は約3,200g，身長は約50cmである。新生児の行動は，そのほとんどが反射である。反射の中で新生児のみに生じる反射を**原始反射**（新生児反射）という。代表的なものに，唇にふれると吸おうとする「**吸啜**（きゅうてつ）**反射**」，抱きつき反射といわれる「**モロー反射**」，手足の「**把握反射**」，足の「**バビンスキー反射**」などがある。これらは母乳を飲み，しっかり母親につかまるなど，新生児が身を守り，生きていくために必要なものであり，原始反射は生後４～６か月ごろには消失する。これは大脳皮質が発達して自発運動が可能になるからである。新生児はことばを話さない，未熟な存在と思われていたが，研究によってさまざまな知覚能力があることが知られている[8)]。

2)　五感の発達

①**視覚の発達**：新生児の視力は約0.03で，その後徐々に発達し,3歳から５歳で成人なみの視力になる。目の焦点は，眼前の30cm前後にほぼ固定されており，これは母親に抱かれ，母乳を吸う時の母親の顔までの距離に当たる。赤や黒などはっきりとした色を追視することができる。

②**聴覚の発達**：新生児は母親の声と他者の声を聞き分けることができる。女性の音域の音声により敏感に反応する。泣いている新生児に，血流音を聞かせると泣きやむことから，胎内での音声を記憶していることがわかる。

③**味覚の発達**：新生児に味のない水の代わりに砂糖水を与えると，吸う時間が長くなり，心拍数が上昇する。また新生児の舌に化学物質をたらすと，酸っぱさに口をすぼめ，苦さに顔をしかめることから，甘さ，酸っぱさ，苦さを区別することができると考えられる。

④**嗅覚の発達**：甘いにおい，酸っぱいにおいのする容器を置くと，新生児は甘いにおいのほうに頭を動かす。また母親の母乳と母親以外の母乳の容器を用意すると，母親の母乳のほうに頭を動かすことからも，においを認識していることがわかる。

⑤**触覚の発達**：足の裏や口元は原始反射に見られるように特に敏感である。

痛覚や温度感覚も生後急速に発達する。

2. 乳幼児期の発達と発達課題

(1) 発達的特徴

乳幼児期は体の発達もめざましく，生後1年間で体重は約3倍，身長は約1.5倍に成長する。運動能力の発達は，①頭部から尾部へ向かい，首のすわり，寝返り，おすわり，はいはい，つかまり立ち，一人歩きへと進む。②身体の中心部から周辺部の方向へ，肩の動き，腕の動き，手や指の動きへと発達する。運動機能が充実してくる乳幼児期の子どもは，自発的にその機能を日常の遊びや運動を通して獲得していく時期なので，そうした活動に安心して取り組める環境づくりが必要である。

(2) 発達課題

ハヴィガーストは，乳幼児期の発達課題（p.15表2−2参照）として，①歩行の確立，②離乳食の完了，③対話の学習，④衛生行動，⑤性的相違の認識と性的マナーの学習，⑥生理的安定性，⑦初歩的な概念形成，⑧家族や他の人々との情緒的結びつき，⑨善悪の判断や良心の形成など9つを示した[9]。これらの課題が達成されるとその後の発達は順調に進むが，それらの達成に失敗すると，次の段階への移行が困難となり，適応上の問題の契機となる。また，エリクソンの唱えたライフサイクル(p.14表2−1参照)の視点[10][11]からみた心理・社会的段階では，乳児期は基本的信頼感を発達させる時期である。おっぱいがほしいとき，母親やその代わりとなる人物がそれに応えてくれることを通して，子どもは自分を取り巻く環境に対して深い信頼感を抱くと同時に自己への信頼感を得ていく。次に幼児前期には親（母性的人物）のいう命令や禁止を受け入れ内面化していき，自律性を発達させる。幼児後期は自主性を獲得していく。

(3) 基本的生活習慣の確立

睡眠と覚醒のリズムが確立し，体のコントロールが次第に獲得され，手足を自由に動かすことが可能になってくると，衣服の着脱，トイレでの排泄などが徐々にできるようになる。食事においても，人の手を借りずになんでも食べようとする，手づかみ食べから，スプーンや箸の使用，食事のあいさつなどのマナーを身に付け，こぼさないで食べられるようになる。清潔面でも，うがいをする，手を洗う，歯を磨く，親と一緒にお風呂に入るなどの一連の動作もスムーズになるなど，幼児期は基本的生活習慣の自立に向かい，日々の生活の中で，取り組んで自分のものとしていく。

3. 児童期の発達と発達課題

この年齢は，学校でも学外でも同年齢の仲のよい友だちと行動する時間が長くなり，綿密な仲間関係を形成するようになる。児童期後期になると，数名のメンバーで集まって遊ぶ集団が形成されることから，**ギャングエイジ**と呼ばれる。仲間とぶつかったり仲直りを通して協調性や社会性を身に付けていく。

児童期はまた知的発達の大きい時期で，論理的な思考が可能になる時期である。近年，小学校入学時は，それまでの遊びを通して学ぶ園生活から，各教科の授業を中心とした学校生活への違いになじめず，授業が成立しない「**小一プロブレム**」の対応策として，幼稚園・保育所と小学校の連携の重要性が示されている。

4. 青年期・成人期・老年期の発達と発達課題

(1) 青年期の発達と発達課題

子どもからおとなへの移行期（準備期）にある青年期は，情緒面が大きく揺らぎ，こころと体の両面に大きな変化が見られる。エリクソンは青年期の課題を**アイデンティティの確立**とし，「自分は何者なのか，目指す道は何か，社会の中でどのような意味ある存在なのか」などの問いに対して答えを探す時期であると考えた。一人前の社会人としての役割を果たす前の猶予期間（**モラトリアム**）の間に自己探求を行うことで，心理・社会的に成長することができるが，進むべき方向が見つからず，自己が混乱し，自己の社会的位置づけを見失った状態を**アイデンティティ拡散**という。

(2)　成人期の発達と発達課題

成人期の課題は支え合う仲間，パートナーを得，仕事や活動に本格的に力を発揮し，社会の中心的な担い手として活動を展開する。エリクソンは「**世代性，生殖性**」と名づけたが，これは子どもを生み育てる活動のほかに，働くことによる生産活動，幅広い，創造活動を含む。成人期は，自分で選んだ分野，領域で，新しい価値，もの・後継者・命をつくり育むというさまざまな活動を通して，充実した人生を送ることである。

(3)　老年期の発達と発達課題

定年の年齢が延長され，年金の支給開始が65歳に延長されようとしている現在，60歳を過ぎても多くの人が成人期と同様の仕事や社会的生活を続けている。現在では，70歳になっても元気に活動を続けている人も多く見られる。職業活動など社会的活動を中心的に担っている立場から引退し，新たな生きがいを見つけて生き生きとした生活を送ることは老年期の課題といえる。

エリクソンは発達課題の最終段階を，「**統合，完全性**」の獲得とした。さまざまな発達課題を乗り越え，自分づくりをし，懸命に働き，後継者をつくり育てていく。そして，社会的にさまざまな価値をつくり出してきた自分の人生を振り返り，自分の生きた証を，子どもへ後継者へと受け継いでいくことである。そのためには，地域社会の中で子どもや若者と交流をもつことが重要である。かつての日本社会では，職業活動をリタイアしても長い経験を生かし，家庭や，地域の中で，後継者を指導する重要な役割を担っていた。しかし，現在は，核家族化，都市化によって高齢者が子どもたちとふれあう場や機会が少なくなってきている。地域の子育てを含め，さまざまな活動に高齢者が参加できる環境づくりが必要である。これまで懸命に働き，社会，家庭を担い，つくってきた高齢者の経験と叡智（えいち）から子どもたちが学ぶことは少なくない。

（緒方玲子）

演習課題

①「成熟優位説」「学習優位説」「相互作用説」に基づく保育について考えてみよう。

②「発達は各側面が相互に関連し合って進んでいく過程である」について，本章で示した事例を参考に，他の具体的事例を考えてみよう。

③　あなたは「アイデンティティ」を確立できているか？　現在のあなたにあてはまる項目にチェックをつけてみよう。チェックの数が少ない人ほど，アイデンティティの確立に近づいている状態である。７つ以上の人は，まだ確立しているとはいえない状態である。

□１．私はときどき，いったい自分はどんな人間なのかわからなくなる
□２．異性とデートすることなどめったにない
□３．今の自分は本当の自分でない
□４．私は自分に自信がもてないことがある
□５．私は自分がどう生きればよいかわからない
□６．私には不安なことがたくさんある
□７．自分の考え方（価値観）が正しいかどうか迷う
□８．ときどき，無責任な行動をとってしまう
□９．困ったときには親の考えに従うことにしている
□10．本当にやりたい仕事がまだみつかっていない

（エリクソンの「発達課題達成尺度」を参照して作成）

推薦図書

●『“It” と呼ばれた子』　ディヴ・ベルザー　田栗美奈子訳　ソニー・マガジンズ

米国で実母からカリフォルニア史上最悪といわれる虐待を受けながら，それに耐えて立ち直り，その体験をベイザー氏本人がまとめたものである。

●『こころの旅』　神谷美恵子　みすず書房

青年期にまわり道をすることは一生のこころの旅の内容にとって必ずしも損失ではない。自分の生き方を考えている人は，ぜひ読んでみてほしい。

2

【文　献】

1）バルテス，P. B. ／鈴木忠訳「生涯発達心理学を構成する理論的諸観点」　東洋・柏木惠子・高橋惠子編集・監訳　1993『生涯発達の心理学Ⅰ』　新曜社
2）エリクソン，E. H. 1964／小此木啓吾訳　1971『洞察と責任』　みすず書房
3）ハヴィガースト，R, J. 1972／児玉憲典他訳　1997『ハヴィガーストの発達課題と教育－生涯発達と人間形成』　川島書店
4）菊池彰夫　1990「社会化の問題」　斉藤耕二・菊池彰夫編『社会化の心理学ハンドブック：人間形成と社会と文化』　川島書店
5）明神ともこ　2003『はじめて学ぶ　ヴィゴツキー心理学～その生き方と子ども研究～』　新読書社
6）ヘンドリック，J.／石垣恵美子・玉置哲淳訳　2000『レッジョ・エミリア保育実践入門―保育者はいま，何を求められているか』　北大路書房
7）多田裕　1992「胎児期の発達」　高橋道子編『新・児童心理学講座　2　胎児・乳児期の発達』　金子書房
8）谷田貝公昭　1992「姿勢と運動の発達」　橋口英俊編『新児童心理学講座3　身体と運動機能の発達』　金子書房
9）ハヴィガースト，R. J.／荘司雅子監訳　1995『人間の発達課題と教育』　玉川大学出版部
10）エリクソン，E. H.／小此木啓吾訳編　1973『自我同一性』　誠信書房
11）エリクソン，E. H.／村瀬孝雄・近藤邦夫訳　1989『ライフサイクル，その完結』　みすず書房

第3章
子どもの発達理解

1 身体機能・運動機能の発達

1. 身体機能・運動機能とは何か

身体機能とは，実際に体を動かして動作を行う能力をさす。身体機能が発達することで，さまざまな運動が可能となるため，子どもの身体機能は運動機能と重なり合っていることがわかる。おすわりができることで腰をあげたはいはいができたり，つかまり立ちができたりする。内臓機能の発達によって尿意をコントロールでき排泄が自立する。ものを握ることでクレヨンを持ってぐちゃぐちゃ描きができるようになり，さらに脳の発達にともなって指先のコントロールが可能となり，イメージしたものを描くことができるようになるのである。このように身体機能は，子どもの発育と関連するため，**身体発育値***を指標として示されている[1)]。

母子健康手帳には身体発育曲線とともに，首すわり，寝返り，ひとりすわり，はいはい，つかまり立ち，ひとり歩きの時期など身体機能・運動機能の発達のめやすが示されている。生後何か月，また何歳でどのような機能が発達しているかを確認することは，正常な発達の重要な指標になる。また特別な発達

＊ **身体発育値**：厚生労働省が乳幼児の保健指導を目的に全国の乳幼児の身体発育の状態を調査したものである。体重・身長・胸囲・頭囲，運動・言語機能，栄養，妊娠・出産の状態，母親の年齢や健康状態等の家族環境から構成される。なお，乳幼児身体発育調査は，乳幼児健診の結果をもとに厚生労働省が示している乳幼児の身体発達の指標である。身長，体重，頭囲，胸囲などが示されている。

上の問題がなくても，子どもの個性や特徴に合わせた教育に役立てることもできるのである。

2. 身体機能・運動機能と子どもの発達

近年，子どもの運動能力の低下が指摘されている[2)]。転んでも手をつけず，大けがをする子が増えたなどの声も多く聞かれる。乳幼児期の適切な運動は，健康な体づくりには欠くことのできないものであるが，社会環境や生活様式の変化，さらに価値観の多様化に伴い，子どもが思いきり体を動かせる環境であるとは言いがたいのが現状である。安心して遊ぶ場所が少ない，養育者の生活リズムの変化に合わせ，夜型の生活となり，必然的に朝起きるのが遅く，外で遊ぶことが少ない，外で元気に遊ばず家の中で過ごすことが多いため疲れず夜寝るのも遅くなるといった悪循環ができる。テレビもかつてのように子ども向け番組といった決まった時間帯ではなく，ケーブルテレビでは24時間，深夜でも子ども番組が放送されている。DVD は同じものをエンドレスで見ることができる。これらのことは，子どもの運動機能の低下に直接影響することが容易に想像できるだろう。

これらに加えて，少子化に伴い，1人の子どもにかける経済的余裕も多くなってきているため，子ども向けの商品も豊富である。女児向けのヒールの高いサンダルは大変人気で，サイズを見ると，17cm からとあるので，3～4歳のサイズであろう。また，対象年齢が0～5歳という外国製の大型ベビーカーや30kg まで対応というオムツは，大ヒット商品のようである。さらに，子どもにリュックサックのように背負わせてそこからひもが出ており，まるで愛犬の散歩のように公園を歩いている親子を目にしたこともある。かわいらしい服や靴を履かせて，もちろん養育者自身もかかとの高い靴を履いているのだからだっこもままならない。ぐずったとき，寝てしまったとき，大型ベビーカーは便利であろう。走り回る子どもを追いかけるのも大変である。危なくないようにとひもをつけて散歩をするのも大切な子どもを守るという気持ちからなのであろう。部屋やベッドを汚したくない，干す場所がないなどの理由からか，オムツで登園する幼稚園児もいるという。歩かない，すぐ疲れる，靴が脱げるから走らない，思い切り走るとひもを引っ張られる，転ばないように危なくないように，汚れないように守られすぎた環境が身体機能・運動機能の低下に拍車をかけている。

あわせて，こういった体の機能の低下が子どものこころの発達に及ぼす影響について考えてほしい。育児用品の長期使用が子どものこころの発達に及ぼす影響について，大崎は，オムツや，ベビーカー，補助つき箸の長期使用児は，適切時期使用児と比べて自主性・自己統制能力が低いと述べている[3)]。いわゆる「扱いやすい子」であるが，人間関係能力の低さがうかがえる。運動能力の発達は，神経系の発達と深い関係があり，幼児期の運動能力は神経系の発達によるところが大きいことが示唆されている[4)5)]。すなわち，運動能力には精神面の発達が関係しているということになるが，事実，運動機能と知能や性格などに関係があることも指摘されている[6)7)8)]。鈴木らによれば，運動能力の低い子どもは，情緒的に不安定で，精神発達が未熟で，社会性に乏しいという[9)]。こういった一連の研究からも，体を動かし，運動を楽しむことは，丈夫な体をつくるだけでなく，こころの発達にも影響を与えることがよくわかる。養育者の価値観が多様化しており，家庭の中での子どもの経験が圧倒的に不足していることを踏まえたうえで，「体を十分に動かし，進んで運動をする」ということを保育の中に取り入れていくことは，子どもの健全な心身の発達に欠くことのできない課題なのである。

3. 身体機能・運動機能の発達と遊び

鈴木は運動機能を高めるためには，運動訓練が効果的であると述べている[10)]。そうはいっても，体操選手のような特別な訓練を行うわけではない。子どもの運動機能を高める一番の方法は，いうまでもなく「遊び」である。岩崎らは，幼児を運動能力・運動技能検査の上位群と下位群に分け，幼稚園での過ごし方を比較した結果，上位群は，活発に行動する子どもが多く，戸外でよく遊び，一緒に遊ぶ友だちの数が多い傾向にあった[11)]。単に運動能力の高さが精神面に関与するのではなく，戸外で遊ぶ子どもは，必然的に他者とのかかわりが増え，他者とかかわれば，遊びを通して学ぶことも多く出てくる。子ども同士で遊べば，さまざまな問題が発生し，それをうまく解決していく能力が必要となってくるであろうし，きまりを守ること，がまんも必要になる。さら

表 3－1　乳幼児の身体機能・運動機能の発達

	3か月前後	6か月前後	9か月前後	1歳前後	1歳半前後
身長 体重	60cm 6 kg	67cm 8 kg	70cm 8.5kg	75cm 9 kg	80cm 10kg
全身の運動	手足をパタパタ動かす 動くものの方向に顔を向ける うつぶせにすると首をあげる 首がすわる	支えられれば座ることができる あおむけで足を口にもっていく 寝返りをする 腹ばいで移動する	お座りをする 高ばいのはいはいをする はいはいで階段をのぼる つかまり立ちをする	伝い歩きをする ひとりで数秒立つ はいはいで階段を足からおりる 歩きはじめる	その場で一周回る 手押し車を押して歩く ボールを投げる つま先立ちをする 手を持てば階段を一段ずつのに
手指の運動	手にさわったものを握る 両手を合わせる	手で足をさわる ものをつかむ 片方の手からもう片方の手にものを持ちかえる	親指と人差し指で小さいものをつまむ 両手でものをつかむ ふたを開けたり閉めたりする 小さな穴に指を入れる	指さしをする スプーンを握る スイッチや電気のひもを引っ張ってつけたり消したりする	積み木をつむ 積み木を横に並べる スプーンがうまく持て
知的発達	あやすと笑う 母親の声がわかる	人見知りをする 全身で快を表す 喃語を話す	身振りで意思を伝える ことばを理解する	初語がでる 探索活動が盛んになる	語彙が増える 喜怒哀楽が強くなる
好きな運動遊び	被せられたガーゼを顔や体からとる 赤ちゃんマッサージ 足を顔にもっていく 足を広げる うつぶせで首をあげる	うつぶせで目の前のものをとる いないいないばあ くすぐり遊び	はいはいで追いかけっこ 芝生ではいはい お風呂で水遊び	足の甲にのってあんよ遊び あんよでここまでおいで お砂場で泥んこ	手をしっかり持ってジャン 追いかけっこ トンネルくぐり 棒を持って一周ぐるり円をかこう

に，ダイナミックな遊びを行うことで運動機能も高まっていく。まず，家庭で不足している「外に出る」ことを基本とし，遊びの楽しさを伝えてほしいものである。

4. 運動の発達と乳幼児の好きな遊び

子どもの身体・運動機能は生活や遊びの中で飛躍的に発達する。子どもの全身の運動機能，手指の発達，知的発達を各発達段階ごとに示したものが**表 3－1**である。それぞれの時期の発達段階に合わせた運動遊びをみてみよう。

（星野美穂子）

2　認知の発達

幼い子どもとつきあったことがある人ならば，子どもの発言に驚かされたり，困り果てたり，笑ったりしたことがあるだろう。子どものことばが，子どもの思考の結果だとするならば，私たちが驚いたり，困り果てたり，笑ったりするのは，その子どもの思考が，私たちのそれとはさまざまな点で異なっているからであろう。子どもの思考は，おとなからするとまったく不思議で，だからこそおもしろく感じられる。しかし，おとなも昔は子どもだったのである。

「知性とは何か」「知識はどこから生まれてくるのか」――こうした疑問は古

歳前後	３歳前後	４歳前後	５歳前後	６歳前後
m g	95cm 13kg	100cm 16kg	105cm 18kg	
に足を出して階段をのぼる 足でピョンピョンとぶ ールを蹴る	でんぐり返しをする 三輪車をこぐ ブランコにのる 片足でケンケンする	スキップをする 両足をそろえて前にとぶ ブランコをこぐ 補助つきの自転車をこぐ	弾むボールを両手でつかむ 上手にボールを蹴る ジャングルジムにのぼる 鉄棒の前まわりをする 補助なし自転車に乗る	逆上がりができる うんていで前に進む 速く走る 縄跳びができる 跳び箱がとべる
ルやブロックが少しできる を半分に折る さみで一回だけ切る ォークで刺して食べる	ボタンをはめる はさみで続けて切る 箸を持って食べる 運筆力がつく	はさみで単純な形が切れる ひもの片結びができる 箸がうまく使える	はさみで上手に切る ビーズに糸を通す 折り紙を折る	リボン結びができる 小さなビーズに糸を通す
語文以上を話す をみてものの名前が言える 我の意識が芽生え反抗する	ことばの文法的基礎ができる 頭足人など象徴的な絵を描く お手伝いなど他者の喜ぶことをしようとする 同性のしぐさや服装をまねる	集団遊びができる じゃんけんが理解できる 他者の気持ちを理解する	ルールを守ることができる 責任感･連帯感･協調性が育つ 正・不正を理解できる トラブルを自分たちで解決しようとする	
さぎさん，くまさん，かえるさん，動物歩き 段のぼり を持ってクルリンパ逆上がり っぱ遊び	しっぽ取りゲーム 電車ごっこ だるまさんがころんだ	ごっこ遊び 砂場で友達と遊ぶ かくれんぼ	ドッジボール サッカー 鬼ごっこ ハンカチおとし	

くからあった。この疑問に対して，初めて包括的な理論を打ち立てたのは，ピアジェである。ピアジェ以降，多くの子どもの思考，認知発達に関する研究が生まれた。ピアジェの理論は，もう50年以上前のものであるが，今なお有用な情報を含み，今日の研究に多大な影響を与え続けている。

1. ピアジェの発達理論

⑴ 知能の発達

ピアジェは，**知能**について，思考が関与するすべての行為に影響するものだとし，生きていくうえで欠かせぬもの，なおかつ，生活の楽しみのために欠かせぬものと考えている。また，ピアジェは，発達を，子どものもつ外界のモデルが次第に現実に近づいていく過程，すなわち，子どもの認知体系と外界との間のより安定した均衡を形成することととらえている。つまり，知能の発達は，同化と調節によってもたらされるということである。

1） 同化・調節・均衡化

私たちは，情報を構造化して認識するための枠組みをもっている。外界の情報は，**シェマ**と呼ばれる枠組みに即して認識される。しかし，既存のシェマではうまく対処できないようなことがあると，そうした情報も取り入れられるように，シェマ自体に修正が加えられる。前者の既存のシェマに合うように外界の事象を取り入れる機能を**同化**という。入ってきた情報を，自分が既にもっている思考方法に合うように変形するやり方である。新しい情報を既存のシェマに同化できない場合には，その情報を意味のあるものとして理解できないこともある。後者の，同化できない場面において既存のシェマを変化させて環境に適応する機能を**調節**という。自分の思考方法を，新しい経験に適応させていくことである。

私たちは，シェマと外界とのズレ，シェマとシェマとのズレを，同化と調節によって，安定した構造にしようとする。この過程を**均衡化**という。均衡化には，３つの層がある。すなわち，①均衡状態：自分の思考様式に満足している，②不均衡：自分の思考の不備に気づき，不満を抱く，③均衡状態：以前の思考様式の不備を克服した，より高度な思考様式を採用する，である。たとえば，①「ワンワン」ということばを覚えた子どもが，「４本足の動物は『ワンワン』である」（これがシェマである）と考え，隣家の柴犬や公園で見かけるゴールデンレトリバー，あるいはチワワやシェパードを指して「ワンワン」と言い（同化），さらにおとなからは「そうね，ワンワンね」と承認される。②ある日動物園に出かけた子どもは，キリンを見て「ワンワン」というものの，「あれはキリンよ」と言われる。ライオンを見て「ワンワン」というものの，「あれはライオンよ」と言われる。しだいに，「４本足の動物は『ワンワン』である」という考えでは対応できないことに気づく。③「４本足の動物は『ワンワン』である」という考えを修正して，「４本足の動物にはいろいろある（ワンワンやキリンやライオンや……）」と変化させる（調節）。このようにして，知能は発達していく。

2）　表象・操作

上でみたものの他に，ピアジェの理論の中での重要な概念に，**表象**，**操作**がある。表象とは，ある対象に対する心のイメージ，心の中で知識がどのように組織されているかである。たとえば，「リンゴ」と聞いて頭に浮かぶものである。操作とは，行為が内化されて表象されたものである。頭の中のリンゴをウサギの形にむくことができるだろうか。できるならば，それが操作である。

⑵　発達段階

ピアジェは，表象が可能になる時期や，どのような操作ができるかということをもとに，認知の発達を４つの段階に分けた。①**感覚運動期**，②**前操作期**，③**具体的操作期**，④**形式的操作期**である。感覚運動期は出生から最初の２年間，前操作期は２歳ごろから６，７歳まで，具体的操作期は６，７歳から11，12歳まで，形式的操作期は11，12歳以降である。

1)　感覚運動期

ことばによる表象が可能となる以前のこの２年間を，ピアジェは６つの段階に分けている（**表３－２**）。子どもの活動は，まず自分自身の身体に向かう。その後，徐々に外界へと関心が広がっていき，感覚運動的行為を通じて対象に直接働きかけ，対象の性質を理解したり，対象への働きかけ方を学んだりしていく。たとえば，乳児は手にしたものを口に入れ，なめてみて，つるつるかざらざらか，固いかやわらかいかなど，口の中の感覚を通して知っていく。また，足をパタパタ動かしている時（足を動かすことそれ自体がおもしろい），偶然，足もとにあったおもちゃに足が当たり，おもちゃが転がったとしよう。すると今度は，おもちゃが転がることが楽しくて，何度も繰り返しおもちゃを（蹴って）転がすようになるだろう。そのうちに，強く蹴ったり弱く蹴ったり，あるいは手を用いたりと，転がし方をいろいろに変えながら，繰り返し転がしてみるようになる。そうするうちに，実際にやってみなくても，こうすればこうなるはずだという予測を立てることができるようになっていく。このような直接的な働きかけを繰り返すうちに，やがて表象が育ち始める。１歳半ごろから２歳にかけてみられるような**見立て**や**延滞模倣**は，表象が存在するようになったことを表している。

モノの永続性：「**モノの永続性**」とは，モノが見えなくなっても存在し続けるという概念である。ピアジェによると，６か月ごろまでの子どもは，モノが視界から消えてもそれを探そうとはしない。子どもが少し大きくなると，隠されたモノも探して見つけることができるようになる。ただし，そのモノが（子どもの目の前で）別の場所に隠されたとしても，最初の場所を探し続ける。これは「A–not–B」エラーと呼ばれるが，だいたい８～12か月に生じる。12か月

表3－2　ピアジェによる感覚運動的段階における認知発達の特徴

段　階	該当年齢	特　徴
①生得的な反射の時期	生後１か月まで	・活動のシェマは，吸う，飲み込む，泣くなどの反射に限定される。 ・このシェマは環境との接触によって，わずかながら修正を受け，適応的になっていく。 ・均衡を形成する同化と調節の萌芽がみられる。
②最初の適応行動の獲得と第一次循環反応成立の時期	１～４か月	・単純な習慣の形成。 ・同化と調節の分化。同化機能は調節機能より大。 ・目的と手段が未分化なため，活動そのものに興味が向けられた形での循環反応が生じる。
③興味ある光景を持続させる手続と第二次循環反応成立の時期	４～８か月	・循環反応の原因が活動そのものから，活動によって生じた環境の変化に変わる。 ・興味ある環境の変化を求める目的志向性がある。 ・目的と手段の分化の萌芽が認められる。
④二次的シェマの協調と，それの新しい事態への適応の時期	８～12か月	・過去に獲得されたシェマが，志向性をもった１つの新しい全体として統合される。 ・目標と手段の分化。 ・目標は手段に先行し，目標に適した手段の選択が可能。 ・進行中のできごとの結果の予測が可能。
⑤能動的実験による新しい手段の発見と第三次循環反応成立の時期	１～1.5歳	・単なる反応の繰り返しにとどまらず，反応の仕方を変えて，対象への影響を観察し，対象の性質を探索する。 ・シェマの修正に柔軟さが増す。 ・同化と調節の協調性が高まる。
⑥シェマの協調による新しい手段の発明が可能な時期	1.5～２歳	・試行錯誤的でなく，表象によって，新しい手段を発明できる。 ・洞察や突然の理解が可能。 ・次段階への移行期で，感覚運動的段階の完成を意味する。

（高橋，1990）[12]

を過ぎると，「A-not-B」エラーは消え，モノがどこに隠されるかを見ることができれば，それがどこであっても見つけることができる。しかし，隠すところを見ていなければ，探し出すことは難しい。モノの永続性が完全に理解される，すなわち，自分が見ていないところでモノが移動しても，見つけ出すまで探し続けることができるのは，だいたい15か月から18か月の間である。

2）　前操作期

この時期になると，表象を用いて外界を認識するようになる。特に，ことばを表象として使うことで，子どもの認識に広がりと深まりがもたらされる。しかしながら，まだ操作は十分にはできない。したがって（おとなから見ると）論理的な思考は難しい。

前操作期の思考の特徴の１つは，自己中心性である。ここでいう**自己中心性**とは，自分以外の視点をとることができない，つまり，他者から見るとどのような見え方をするかが理解できないことをいう。これをよく示すのが，「三つ山問題」（**図３－１**）と呼ばれる課題での子どもの反応である。ピアジェは，４歳児を３つの山の模型を置いた正方形の机に座らせ，机の別の辺に座っている子どもからはどう見えるか，その見え方の写真を選ばせた。この課題で，正しく答えられる子どもはほとんどいない。自分が見ている景色と同じものを選ぶのである。

この時期の子どもの思考には，無生物に生命や意識があると思う**アニミズム**や，自分が考えたことや夢が実在すると思う実在論といった特徴があるが，これも，自己中心性の現れと考えられる。

前操作期の思考の特徴のもう１つは，見かけに惑わされやすいということである。これのよい例は，「保存課題」（**図３－２**）

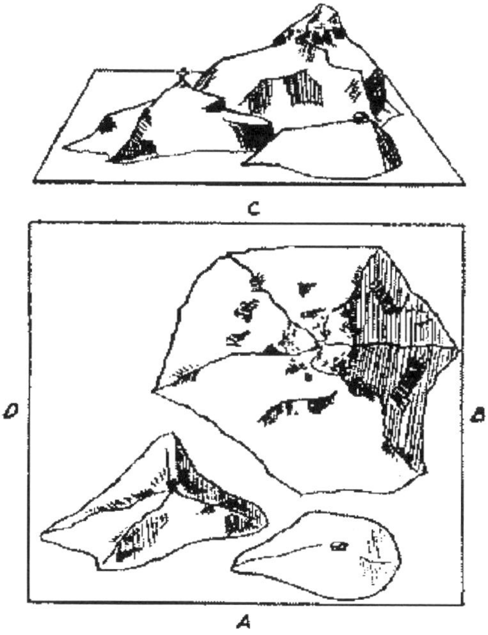

図３－１　三つ山問題（ピアジェとイネルデ, 1956）[13]
（出典：林，2007）[14]

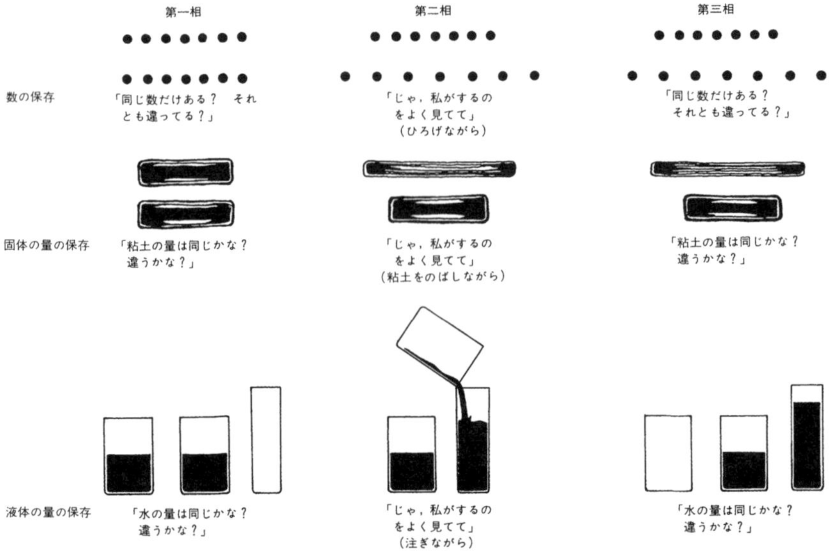

図3－2　数と固体量と液体量の保存についての子どもの理解を調べるための手続き
（シーグラー，1992）[15]

である。子どもは，たとえば液量の保存では，容器の形が変われば水の量が変わる（細長い容器のほうが多い）と考える。保存課題にはいくつかの種類があるが，どれも同じ間違い方をする。すなわち，対象のより目立つ1つの特徴だけに注目し，他の特徴については無視してしまうのである。複数の次元を同時に考えられないということである（2次元以上の分類課題も苦手である）。また，変化よりも静的状態に集中する。

保存の概念の成立には，①可逆性：見た目が変わったとしても元に戻せば同じ，②同一性：何かを足したり引いたりしなければ変化は起こらない，③補償：変化があっても，それぞれの変化がお互いを補償し合っていれば結果は同じ，という3つの操作の要件が満たされることが必要だが，これが可能になるのは，次の具体的操作期からである。

3）　具体的操作期

この時期，子どもは操作を獲得する。内的な表象を，心の中で操作できるようになる（たとえば頭の中でリンゴの皮がむけるようになる）。自己中心性を脱し，論理的に問題に取り組めるようになる。操作の特徴は，可逆的であることと，他の操作と組み合わさって大きな体系をつくることである。ある操作が可逆的であれば，元の状態に戻すことができる。操作が組み合わさって体系が形成されれば，子どもは１つの問題に対して多様な見方を統合し，それぞれの相互関係を認識できるようになる。こうしたことが可能となって，前操作期では解くことができなかった問題にも正答するようになる。

具体的操作期の子どもは，多くのことができるようになる。ただ，限界もある。この時期の子どもが扱えるのは，具体的なものについてだけであり，対象が抽象的なものになると，難しくなる。

4）　形式的操作期

この時期，子どもは抽象的な思考ができるようになる。仮説演繹（えんえき）的であることが，その思考の特徴である。具体的操作期では，「実際から可能へ」――現実にあることの中からあてはまるものを探す――と考えるのに対し，形式的操作期では，「論理的可能性からどれが現実あるいは実現可能かへ」――現実は可能性のうちの１つの場合――と考えるのが，２つの思考の間の大きな違いである。

昔から，青年は悩むものとされている。理想と現実のギャップに苦しみ，「自分とは何者なのか」「他者の目には自分がどう映っているのか」を考え，**時間的展望***の中で未来の自分をイメージする。このように青年が悩むのは，抽象的な思考ができるようになったこと，形式的操作能力を獲得したことと無関係ではない。

2. ピアジェを超えて

ピアジェ以降，子どもの認知発達に関する多くの研究が行われてきた。ピアジェを支持する結果も多いが，同時に，疑問を投げかけるものも多い。

ここまでみてきたように，特に乳幼児期の思考は，私たちおとなを驚かせる。乳児期の子どもは本当に見えないものは存在しないと思っているのだろう

＊**時間的展望**：個人の現在の事態や行動を，過去や未来の事象と関係づけたり，意味づけたりする意識的な働き。形式的操作期では，人生にかかわるような長期的な時間について考慮することができる。

か。幼児期の子どもは本当に容器の形が変われば水の量も変わると考えているのだろうか。テーブルの向かい側に座っている人も自分と同じ景色を見ていると信じているのだろうか。

これまでの研究をまとめると，ピアジェは乳幼児の認知能力を過小評価している（そして，青年の認知能力を過大評価している）ということがいえる。

(1)　モノの永続性

ピアジェは，6か月ごろまでの子どもは，モノが消えても探さないことを示した（そして，多くの追試がそれを支持している）。しかし，そのころの子どもでも，私たちと同じように，見えなくなってもモノはなくなったわけではないと考えていることを示す結果もある。ベイヤールジョンらは，5か月児に，

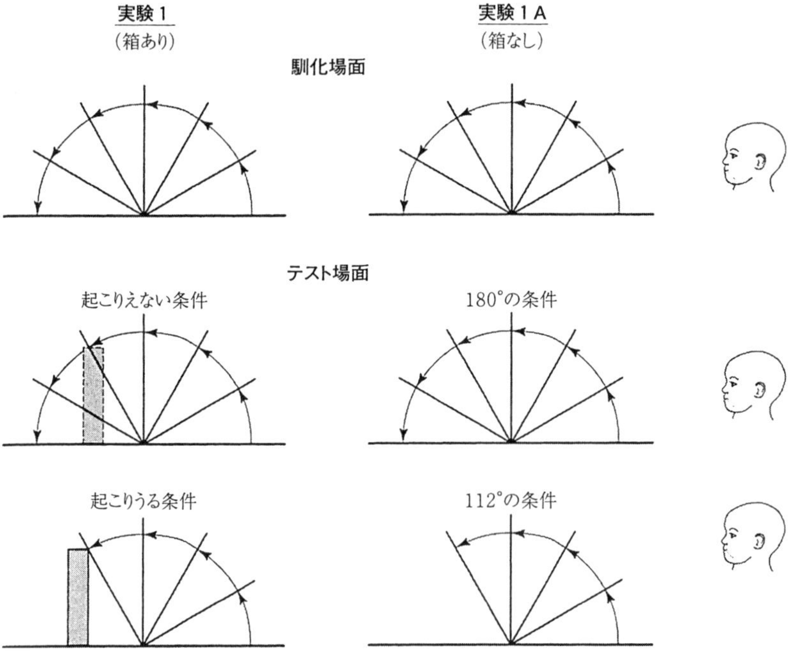

図3－3　回転するついたての実験における馴化試行とテスト試行

（ベイヤールジョンら，1985）[16]（出典：ゴワスミ，2003）[17]

図３-３のような実験を行った[16]。ついたてが，手前から起き上がって向こう側に倒れ，また起き上がってこちら側に倒れるという事態を繰り返し見せ**馴化**（じゅんか）*させる。その後，ついたての通り道に箱が置かれる。ここで「起こりえない条件」と「起こりうる条件」を設ける。起こりえない条件では，ついたてが起き上がり，だんだん箱を隠していき，向こう側に倒れる。起こりうる条件では，ついたては箱を隠していくが，途中で止まる。こうしたできごとを見た乳児の反応を見ると，起こりえない条件を見た子どものほうが，起こりうる条件を見た子どもよりも，長く凝視していた。つまり，子どもは，箱がついたてに隠れて見えなくなっても，箱自体がなくなったわけではないことを知っていると考えられる。後にベイヤールジョンは，3.5か月児でも同じ反応であることを示した[18]。

(2) 保存課題

子どもが保存課題に失敗する原因の１つとして，ことばの問題がある。日常生活において，同じことを２度質問された場合，私たちは先の答えとは異なる答えをする。だから，子どもは１度めの質問には「同じ」と答え，２度めの質問には「違う」と答えた可能性がある。

ライトらは，コップに入ったマカロニを早く使い切ったほうが勝ちというゲームに子どもたち（６歳児）を誘った。公平のために，ゲーム開始前には，みんなのマカロニが同じ量でなければならない。コップの中のマカロニは同じ量であることを子どもたちが納得するまで，コップにマカロニを入れたり出したりした。すると，１つのコップにひびが入っていることがわかり，安全のために，そのコップに入っていたマカロニは，別の大きなコップに移された。そこで，実験者は尋ねる。「２つのコップに入っているマカロニの量は，まだ同じかな？」子どもたちの70%が，正しく答えることができたのである[19]。

(3) 自己中心性

子どもと向かい合って絵を描いているとする。その子が絵を私に見せようと

---

* 馴化：心理学における概念の１つ。ある刺激が繰り返し提示されることによってその刺激に対する反応が徐々に見られなくなる現象。

するときには，自分が描いた絵を，くるりと回してくれるだろう。子どもが，自分と相手とは同じものを見ているとは考えていないことを示す身近な例であろう。

ドナルドソンは，三つ山問題の3つの山のふもとに農家を置き，周囲に鉄道の線路を敷いた。そこを，電車に乗ったテレビの人気キャラクターが走り回る。この状況で，山の向こうにいるキャラクターが見ているのはどのような風景であるかを子どもに尋ねると，多くの子どもが正答した[20]。

子どもは，具体的で日常的で意味のある問題に対しては，ピアジェが考えていたよりも多くのことができる（このような問題が容易であるのは，おとなにとっても同様である。第4章参照）。一方で，一定の限界があるのも確かである。子どもの認知発達のためには，毎日の生活の中で，豊かな経験を重ねていくことが最も必要なことであろう。（吉田佐治子）

3　自我の発達

1．母子関係の発達

新生児期の子どもはなぜ母親からの働きかけに応じて，目を見つめたり，笑ったりするのであろうか。1960年代以降，新生児期の子どもの視覚，聴覚，嗅覚，味覚，触覚といった五感の感受性能力が明らかになった。そして，母親と新生児はさまざまな感覚レベルを通して，相互に密接に働きかけて，目と目で見つめ合う，微笑み合うという母子の相互作用を行っていることがわかってきた。子どもの泣き声は，母親を引き寄せ，母乳の分泌を促進させる。また，子どもが母乳を吸うことで，母親の下垂体からホルモンが分泌され，母乳の分泌が促進される。母親がピッチの高い声で体動を伴って語りかけると，子どもは手足の動きで反応をすることが知られているが，これらの現象は，**エントレインメント***と呼ばれる。子どもは，泣き，微笑，発声，体動などのシグナルを積極的に母親に送り，敏感な母親は，子どもとかみ合うように調節して母子

＊エントレインメント：母親の行動に反応して体動，表情，音声などを同調させる現象。

相互作用が展開される。母親の反応の適切さは，母子関係の安定，愛着の質に影響を与える。

(1) 愛着の形成と発達

愛着（**アタッチメント**）とはボウルビィ*によると愛着対象への接近を維持し，接触を求める行動であり，**発信行動**（微笑，泣き，発声），**定位行動**（注視，後追い，接近），**身体接触行動**（よじ登り，抱きつき，しがみつきなど）のカテゴリーに分類される。愛着行動は生後６か月ごろから見られ，１～２歳ごろ活発に現れるが，幼児期後半以降は徐々に減少する。また，病気や不安なときなどは増える[21]。

(2) ボウルビィの愛着の発達段階

ボウルビィは愛着の発達を段階的にとらえている[22]（**図３－４**参照）。

第１段階：前愛着（誕生～３か月）すべての人に対して視線を向け，手を伸ばすなど人物弁別を伴わない定位と発信。

第２段階：愛着のはじまり（３か月～６か月）身近な人にのみ関心を示し，定位と発信をする。

第３段階：明確な愛着（６か月～２，３歳）母親に対する愛着が明確になり，親が離れるといやという意思表示，身体接触，定位行動が見られるが，母親を安全基地として愛着の対象を広げていく。

第４段階：目標修正的協調関係（２，３歳～）母親は近所まで買い物に行くけれどもすぐ帰ってきてくれるなど，母親の動機や感情・視点を理解，推測できるようになると，必ずしも身体的接近がなくても安心していられるようになる。

＊ボウルビィ（Bowlby, J. 1907～1990）：イギリスの児童精神医学者。WHO の委託を受けて行った施設児に関する研究の中で示した母性剥奪という概念が反響を呼び，これが愛着理論の原点となった。

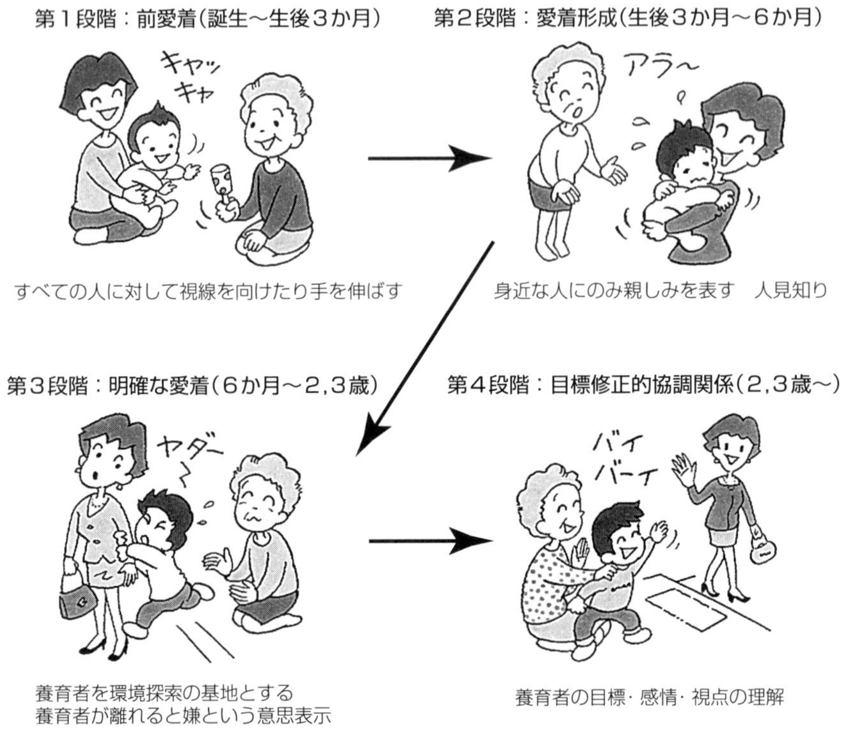
第１段階：前愛着(誕生～生後３か月)
キャッ キャ
すべての人に対して視線を向けたり手を伸ばす
第２段階：愛着形成(生後３か月～６か月)
アラ～
身近な人にのみ親しみを表す　人見知り
第３段階：明確な愛着(６か月～2,３歳)
ヤダー
養育者を環境探索の基地とする
養育者が離れると嫌という意思表示
第４段階：目標修正的協調関係(2,３歳～)
バイ バーイ
養育者の目標･感情･視点の理解

図３－４　愛着の発達（藤生，1991）

(3)　愛着の診断

愛着理論は，近年母子関係のひずみの理解には欠かせない重要な視点として注目されるようになっている。エインズワース*らは，初めての場所，知らない人の出現，母親の不在といったストレスの強い状況での乳児期の子どもの愛着行動を観察する**ストレンジシチュエーション法**という実験法を考案した。ストレンジシチュエーション法は，実験室場面を設定し，観察することにより，子どもの愛着行動の有無および愛着の質（愛着が安定しているか，不安定か）

＊ **エインズワース**（Ainsworth, M.D.S. 1913～1999）：イギリスの発達心理学者。ボウルビィの愛着理論に基づき，愛着の質を測定する方法（ストレンジシチュエーション法）を開発した。

をとらえる方法である。実験は８つのエピソードで構成されている（**図３－５**参照）[23)]。

また，エインズワースは生後１年くらいまでに乳児が示す愛着行動を母親から聞き取り調査し，愛着行動に以下の12項目をあげた[24)]。

① 母親が抱くと泣きやむ
② 母親が部屋から出ていくと泣く
③ 母親に微笑みかける
④ 母親への泣きでない発声
⑤ 母親を目で追う
⑥ 母親が部屋を出ると後を追う
⑦ 母親の体によじ登り，顔などにふれる
⑧ 母親の所に帰り，母親の体に顔を埋める
⑨ 母親を安全基地として離れて遊ぶ
⑩ 脅えたりした時，しがみつく
⑪ 母親と再会時，抱かれるように両腕を上げて歓迎する
⑫ 母親と再会時，両手を打って歓迎する

子どもの母親への反応の仕方を観察，検討し，母子分離に対し子どもが悲しみを示すか，再会によって子どもの悲しみが慰められるかという点から，愛着パターンは以下の３群に分類される。

Ａ群　回避群：母親への接近，接触要求が少なく，分離の時の泣きや再会による歓迎行動はあまり見られず，母親からの働きかけを回避しようとする。

Ｂ群　安定群：母親を安全基地として活発に探索活動を行い，母親への接近，接触要求が強く，分離の時の悲しみや，再会による歓迎行動が見られる。

Ｃ群　両極アンビバレント群：不安を示す傾向が強く，分離では強い悲しみを示し，再会しても，悲しみや不安が慰められず，反抗的な行動が見られる。

Ｂ群のような安定した愛着が形成されるためには，母親が日常のかかわりの中で子どものサイン（シグナル）に対して，応答的で愛情をもってスキンシップやことばかけをすることが大切である。子どもは親によって要求がかなえられ，守られていると感じ，信頼関係ができると，母親を安全基地としてまわりを探索するようになる。

①
子ども用
オモチャ
ストレンジャー用
母親用
ドア
実験者が母子を室内に案内，母親は子どもを抱いて入室。実験者は母親に子どもを降ろす位置を指示して退室。（30秒）
②
母親は椅子にすわり，子どもはオモチャで遊んでいる。（３分）
③
ストレンジャーが入室。母親とストレンジャーはそれぞれの椅子にすわる。（３分）
④
１回目の母子分離。母親は退室。ストレンジャーは遊んでいる子どもにやや近づき，はたらきかける。（３分）
⑤
１回目の母子再会。母親が入室。ストレンジャーは退室。（３分）
⑥
２回目の母子分離。母親も退室。子どもはひとり残される。（３分）
⑦
ストレンジャーが入室。子どもを慰める。（３分）
⑧
２回目の母子再会。母親が入室しストレンジャーは退室。（３分）

図３−５　ストレンジシチュエーションの８場面（繁多，1987）

１歳～１歳６か月ごろまでに形成された愛着が幼児期の社会適応の良否を予測する研究がある。１歳の時に安定した愛着を形成していた子どもは５歳の年齢においては共感的で社交的であり，また攻撃行動などの問題行動が少ないなどが報告されている。これらの結果は，乳児期に形成される安定した愛着がその後の心理社会的発達に重要な役割を果たすというボウルビィの主張を裏付けるものであろう。

2. 自他の分化と自分の身体への気づき

(1) 自己意識

子どもは誕生すると，それまで母親の胎内では体験したことのないさまざまな不快感を経験する。空腹，暑さや寒さ，大きな音，オムツのぬれなどは子どもにとって大きな不安をもたらす。子どもは人生のはじめの不安な時期において，たとえば泣いている時，母親の温かい胸に抱かれて母乳をのみ，まどろみ，身体の外からの心地よい刺激を感じると同時に，空腹が満たされるという感覚を身体の内で感じる。快適な状態に置かれている子どもは，母親との関係の中で満足している「自分」を感じているのである。しかし，新生児期の子どもの世界は外界と自己がまだ未分化で自分と他人の区別が明確ではないのである。歯が生えてきたころ，吸啜（きゅうてつ）に歯を使ってみると，母親から「痛い」と乳首を離される瞬間は，子どもが初めて自分以外の存在に気づくと考えられている。実際に生後３か月ごろの子どもをよく見ていると，子どもが自分の足を器用になめ，手を不思議そうにじっと見つめている様子が見られるが，自分の手足をうっかりかんでしまい，泣き出すこともある。子どもは自分の体にふれ，そこから得た感触や感覚によって，感覚的に，自分の体は自分のものであると気づいていくのである。はじめは自分が抱きついているその相手の体が母親のものであることを知らないのである。髪の毛を引っ張ると痛いといって離れる母親，自分はおなかがすいて泣いても，必ずしも自分のそばにいない母親がいる。このような経験を通して，母親は自分とは違う存在で，いつも自分の思うとおりにはならない他者であることを理解していくのである。生後６か月になり，自分の存在を感じるようになることを，**自己感**という。自己感を経て，やがて，筋肉組織が発達し，ことばを発し，自分の足で立った時，乳児ははっきりと自分の存在に気づく。これが**自己意識**である。

(2) 自己認知

自分が他者と異なる存在であるということがわかるようになると，自分自身を対象化してみることが可能になる。これは鏡に映った自分の姿をどうとらえるかという鏡映像の自己に対する認識の実験によって確認することができる。3，4か月ごろの子どもはまだ**鏡映像**を自分自身とは思わずに顔を鏡につけたり，鏡をたたいたりする様子が見られる。一方，1歳半ごろの子どもに，寝ている間に鼻の頭に口紅をつけておき，目を覚ましてから鏡を見せると，鏡を見ながら口紅をとろうとする行動が見られる[25)]。2歳ごろになると，鏡映像は自分の映り姿であることを約7割の子どもが理解するようになる。鏡の前で，ポーズをとったり，口を動かしてみたり，ひとり遊びをする姿が見られるようになるのである。

自分が他者と違うと気づくためには他者の存在が不可欠である。ある2歳の自閉症の女児は，セラピーを始めたばかりのころは，ひとり，自分の世界にいるような行動パターンを示していた。セラピールームにある鏡をなめたり，たたいたりはするものの，自分に気づく様子はほとんど見られなかった。しかし続けてセラピーセッションを重ねていくうちに，女児はセラピストの存在を少しずつ受け入れ，セラピストの手を見つめ，髪をさわり，セラピストに抱かれるようになっていった。すると鏡に映る姿が自分のものであることを認識するがごとく，子どもは顔をかしげた様子を鏡で確認し，一歩下がってクルリと一周して，また自分の姿を見ていた。このように人は自分以外の他人を知って初めて自分自身に気づくのである。

(3) 第一反抗期

自己意識が成立すると，子どもは自由意思でさまざまな探索を始め，「あっち」「こっち」，「あれがいい」「これがいい」，といった自分の好きなものや，行きたいところを表現できるようになる。自由意思を発揮して自由に行動できることは子どもにとっては楽しくてたまらないことである。自由意思による行動はセルフコントロールを育てることになる。しかし一方で他人の意思と衝突することもあるのである。子どもは親やおとなとぶつかる場面に出くわすと，自分の気持ちに気づき，自分の意思を通そうとする，これが**第一反抗期**とよばれるものである。

事例 3-1
ゆきちゃんの第一反抗期 （2歳6か月女児）

2歳6か月のゆきちゃんは母親と出かける時に，お母さんがいつものように出しておいた洋服を見て「いや」と言い始めた。ゆきちゃんは洋服ダンスから，なにやら自分が選んできた洋服を着始めるが，ボタンがたくさんついているためになかなかうまく着ることができない。急いでいた母親が近寄って手伝おうとすると，また「いや」と言って母親の手を払いのけた。母親は様子を見守っていると，ゆきちゃんは時間をかけて全部はめ終わり，満足そうな顔をしながら，玄関に向かっていった。

この事例では，母親はそれまでとは違い，言うことを聞かなくなったわが子にとまどっている様子がわかる。しかし，これは子どもの発達にとっては重要な意味をもっているのである。まず，自分は親とは違う意思をもっているのだという自己意識の高まりを意味すること，そして，今まで親やまわりのおとなにやってもらっていたことを自分がやることで，今度は自分の能力を試したいという欲求の現れである。

(4)　母子関係と子どものパーソナリティ形成

母親とは「人生における最初の愛情対象」であり，その関係は「全生涯を通じて比類のない普遍の関係」であるといったのはフロイト*である。

親の養育態度と子どものパーソナリティの関係を表現したサイモンズ*によ

＊フロイト（Freud, S. 1856～1939）：精神科医で，精神分析の創始者。神経症患者の事例の検討から，乳幼児期における養育態度の重要性を示した。

＊サイモンズ（Symonds, P. M.）：養育態度の理論の提唱者。

ると，親子間には　愛着－敵対，親密―疎遠，支配―服従などの人格変数が介在する。親子関係は，子どもの人格形成の基礎を担うと同時に母子は双方向に影響を及ぼし合い，母子ともに成長発達していく関係であるといえる。母親と子どもとの交流が豊かで子どもに対する励ましや教えが多い場合は子どもの人格発達は促進される。また，子どもに対して受容的な母親の場合は，子どもは友だちと仲がよく，知的発達を促進する人格特性が形成されやすいが，母親が拒否的な場合は，子どもの自我は未発達で情緒不安定であった。子どもの自主性と母親の養育態度の調査では，自主性の低い子どもの母親は誘いかけや教示，命令，非難など，干渉が多かった。また自主性がまったく見られなかった子どもは母親の無関心が目立ったという。子どものしつけと親の養育態度にとって大切なことは，一貫性であるといわれる。問題のある子どもの保護者は子育てに一貫性がなく，過保護や過干渉の傾向がある[26][27][28]。理想的な親子関係とは，保護と拒否，支配と服従，かまいすぎと無視の両極群に反してほどよく子どもを見守りかかわることである。良好な親子関係は子どもの内的発達にとって，欠かせないものであるといえるだろう。

⑸　父子関係と子どものパーソナリティ形成

父親の存在は強さと権威のシンボルであり，それによって子どもに社会化を促す。父親がもつ力と権力をどのように行使するか，愛情や優しさをどのような形で示すのか，異性とのつきあい方，社会的な対人関係のマナー，父親が掲げる高邁（こうまい）な理想や人生観，価値観を自己に取り組み，自らの価値観や人生観を構築する。そのような意味で父親は子どもの人格形成に重要な役割を果たしている。今日，父親の育児参加が叫ばれている。一方，父親の権利が弱体化した家庭，つまり父親がいながら，父親としての役割が果たせない家庭では，子どもの問題行動も発生しやすく，母親の精神的負担が増える。父親が子どもといっしょに食事をする，入浴するなどしてコミュニケーションをとり，しつけにも責任をもつことは，子どもの集中力，言語表現力，規律性，対人関係能力，積極性，自立性，協調性，運動能力，優しさ，情緒安定等の発達に好影響をもたらす[29]。

(6) 子どもの資質と養育者との関係

子どもの性格はどのように形成され，発達していくのであろうか。性格は，その人らしい個性ともいえるであろう。「今のあなたの性格はどのようにしてつくられたと思うか？」と聞かれたら，「親譲りです」「友人の影響を受けました」「生まれつきです」などさまざまな答えが返るであろう。人の性格は，生まれつきの気質とその人を取り巻く他者との交流の影響を受けて形成されると考えられる。

トマスとチェスらは乳児期の子どもをもつ母親への面接調査を通して，子どもには生得的な気質があり，生後まもなくその特徴が現れ始めることを報告した[30)]。その行動特徴は9つにまとめられ，それは，①活動性　②生物学的機能による規則性　③新しい刺激に対する接近・回避傾向　④順応性　⑤反応の強さ　⑥反応を引き出すのに必要な度合い　⑦機嫌　⑧気分の質　⑨注意の幅と持続性　である。これらの9つのカテゴリーの5段階評価の組み合わせにより，特徴的な気質をもつ以下の3つのグループに分けられる。

グループ1　扱いやすい子ども（easy children）

グループ2　ゆっくりしたペースの子ども（slow-to warm-up children）

グループ3　扱いにくい子ども　(difficult children)

「扱いやすい子ども」は，排泄や睡眠，空腹を訴える時間が規則的で，生活のリズムが安定しており，環境の変化にも順応しやすい。おもちゃなど新しい刺激に積極的に反応する。養育者は見通しをもって子どもの世話をすることができやすいため，育てやすい子どもである。「ゆっくりしたペースの子ども」は新奇場面では慣れるのに時間がかかる。生活のリズムは定まっていない。「扱いにくい子ども」の特徴は，生活のリズムは不規則で環境に慣れるのに時間がかかる。また，泣く，笑う，などの情動の表現が激しい。特に泣きが激しいために養育者にとって育てにくいと感じさせる要因になっている。「扱いやすい子ども」の場合は，授乳や排泄のリズムも規則的で，環境の変化に積極的に順応する場合は，養育者も見通しをもって世話をすることができるための情緒も安定しやすい。一方，「扱いにくい子ども」を養育する場合は，見通しをもって生活をすることができず，養育者自身の生活のリズムも乱れがちになるため，ストレスをためやすい。

(7)　性格をとらえる理論

性格の特徴をとらえて類型化したものには，クレッチマー*の気質類型論，ユング*のタイプ論などがあるが[31]，近年広く支持されているコスタらの開発した性格特性を５つに分ける**ビッグ・ファイブ説***[32]と並んでよく用いられる曽我の子どもを対象とした**５因子性格検査**（FFPC；Five Factor Personality Inventory for Children）を取り上げたい[33]。５因子と，それらの因子の特徴は，以下の通りである。

①**情動性ー非情動性**：環境の変化などに敏感か，あるいは安定しているか
②**外向性ー内向性**：積極的で活動的か，あるいは，刺激を求めず控えめか
③**遊戯性ー現実性**：イメージや考えが豊かで遊び心があるかあるいは堅実か
④**愛着性ー分離性**：周囲に対し親和的か，自主独立的か
⑤**統制性ー自然性**：目的を達成しようとするか，あるいはあるがままか

子どもの性格は周囲の影響を受けながら変化し形成される。したがって保育者も子どもの性格形成に影響を与える立場にある。扱いにくいタイプの子どもを含み多様な気質や性格をもつ子どもの保育にあたり，発達の悪循環に陥る可能性があることをふまえ，まわりの人々や専門家に助言を求め，客観的に子どもとの関係をとらえ，子どもそれぞれの特性に合わせた保育実践が求められている。

（緒方玲子）

＊**クレッチマー**（Kretschmer, E. 1888～1964）：ドイツの精神医学者。精神病を体質，性格，外因，体験のそれぞれの次元における異常の総合として構造的に把握しようとした。『体格と性格』が著名。

＊**ユング**（Jung, C. G. 1875～1961）：スイスの精神科医で分析心理学の創始者。

＊**ビッグ・ファイブ説**：基本的な性格の次元を「協調性」「外向性」「勤勉性」「情緒安定性」「知性」の５つにまとめようとする試み。

4 遊びの発達

1. 子どもにとって遊びとは

あなたは小さいころどんな遊びをしていたか覚えているだろうか。

「幼児の生活の中心は遊びである」「遊びを中心とした保育」といわれ，この考えは，保育現場では一般的である。では，遊びとはどのようなものであろうか。

人間を「ホモ・ルーデンス」（遊ぶ人）と呼び，文化としての遊びの要素を定義づけしようとしたホイジンガ*は，「遊びはすべて何よりもまず，第一に自由な行為だ。命令された遊びは，もはや遊びではありえない。……（後略）」と述べている[34)]。また，上出・伊藤は，「遊びとは，広義に解釈するならば，まぎれもなく，主体的な活動」「いいかえれば，まったく自由な活動である」と述べている[35)]。乳幼児期の遊びを考える時，「自由」であること，「主体的」であること，この２点は忘れてはならない重要なポイントだろう。

遊びというと砂遊びやごっこ遊びなどをイメージするが，０歳児から目・耳・口・手・足などの自分の身体を使ってさまざまな感覚運動遊びをはじめ，まわりの世界を知る楽しさを味わっている。乳幼児期の生活の大部分は遊びであり，幼少時ほど心身の発達にはたす遊びの役割は重要である。たとえば，つかまり立ちを始めたばかりの子どもが，立つこと自体が楽しくて，テーブルに手をついては立ち上がり，クローゼットの取っ手につかまっては立ち上がることを何度も繰り返しているが，この「立つ」という行為は立派な遊びであると定義される。

では，子どもはなぜ遊ぶのであろうか。上にあげたつかまり立ちの例でいえば，何かにつかまって上手に立ち，はいはいで次に立てそうな場所を探し，再びつかまって立つ。時には，不安定なものにつかまってしまい，倒れてしまうこともあるだろう。この時，立つ・座る・はいはいをして移動する，これを繰り返すことで，運動機能に刺激が与えられる。また，自分がつかまるべきちょ

＊ホイジンガ（Huizinga, J. 1872～1945）：オランダの歴史家。人間の本質を「遊戯」に見出した著『ホモ・ルーデンス』で人間と遊びの関係性について論じた。

うどよい高さや安定したものを探すことで知的発達も促進される。さらに，上手に立てたことを母親が喜んだり，褒めてくれたりすることで，他者の期待や感情を知ったり，情緒的な満足感が得られる機会にもなる。このような遊びを行うことで得られる効果を「**遊びの機能**」と呼ぶ。遊びの機能としては，次の５つがあげられる。

①**身体・運動的機能の発達を促す**

手足をパタパタ動かすことから始まり，はいはいや歩行，友だちと鬼ごっこをして思いっきり走ったり，縄跳びをしたりすることで自然に足・腕・手を使い運動能力が発達する。ブロックや積み木などの構成遊びでは，手先の巧緻性が養われる。

②**社会性の発達を促す**

集団遊びを通して，子ども同士の関係を体験し，友だちとのつきあい方や人間関係のあり方，社会生活のルール集団の中での自分の立場などを学んでいく。

③**知的機能の発達を促す**

ガラガラやメリーゴーランドなどの感覚器官に訴える遊びから**模倣遊び・ふり遊び・見立て遊び・つもり遊び・ごっこ遊び**など象徴機能の発達に支えられた遊びへと変化していく。表象の世界でイメージをふくらませながら遊びを楽しんでいく中で**象徴機能**はさらに発達する。

④**自我の発達を支える**

遊びは自発的な活動であるため，夢中で遊んでいる時には子ども本来の姿が現れる。そのため，遊びを通して，自由に自分を表現することで自己充実感を味わう。また，友だちとけんかをしないように相手の立場に立って考え，時としてぐっと自分の気持ちを抑えるという自制心が養われる。

⑤**治療的価値がある**

自由遊びで自分を表現したり，絵を描いたり，身体を使った運動遊びをしたりして遊んでいる時には，心が解放される。遊びを通して緊張がほぐれ，抑圧されていた欲求が解消され，自己充実感を味わい，精神的なバランス状態が回復して，再び社会生活への適応が可能となる。この機能に注目し，情緒的問題の治療に応用されたものが遊戯療法である。このように，遊びの中でさまざまな心身の機能を用いることで，結果的には子どもの発達に望ましい影響がもたらされるのである。

2. 遊びの発達

遊びは，乳幼児期においてどのように発達していくのであろうか。ここでは，遊びの発達過程を「認知発達」の観点から明らかにしたピアジェの研究[36]と，「社会的発達」の観点から明らかにしたパーテンの研究[37]を紹介する。

まず，知的発達段階に基づいて遊びを分類したピアジェは，遊びも知的発達にともなって**表３－３**のように「**機能遊び**」「**象徴遊び**」「**ルール遊び**」と，３段階で変化していくと述べている。

表３－３をみると，幼児期（１歳半～６歳くらいまで）には，象徴遊びがみられるようになる。象徴遊びとは，たとえば，母親を女児が演じ，父親を男児が演じてままごとをする（ごっこ遊び），おもちゃの食べ物を食べるふりをする，母親のまねをしてお化粧をする（ふり遊び），積み木やブロックを自動車に見立てて遊び（見立て遊び），自分の家を積み木でつくる（構成遊び）などのように，あるもの（人や事物や動作）を，別の何かで表現して（象徴して）

表３－３　ピアジェによる遊びの分類

段　階	遊び	内　容
第１段階	機能遊び	手足をパタパタ動かす，なめる，ものがつかむ，喃語を話す，立つ，歩くなどができるようになる過程で，１歳半ごろまで活発に行われる行動である。感覚や運動の機能を働かせること自体を楽しむ遊び。たとえば，乳児が身近にあるものをなめたりすること。ガラガラを鳴らす，ボタンを押すと音が鳴るなど「物」を通じて感覚をともなう遊びをする。
第２段階	象徴遊び	模倣，見立て，ごっこ，想像，空想などがともなう遊び。たとえば，葉っぱを皿に見立てたり，両手を広げて飛行機のまねをしたりするなど，具体的なものの代わりに別のものを用いたり，自分の動作を置き換えて遊ぶこと。子どもの遊びの黄金期である。子どもの自我や感情にかかわる活動であり，欲求の満足や葛藤の解消が得られる効果がある。
第３段階	ルール遊び	社会的なかかわりを多くもつようなルールのあるゲームなどの遊び。鬼ごっこやトランプ遊びなどがある。

遊ぶことである。象徴遊びに対応する認知発達の段階は，前操作期である。前操作期では，目の前にないものを頭の中でイメージやことばとして表す**表象の機能**が発達するが，このような表象機能の発達が象徴遊びを可能にしていると考えられる。

ここで次の事例３−２をみてみよう。子どもは，ヒーローやおばけなどのファンタジー（空想）の世界をつくり出すことがあるが，ファンタジーは子どもの心の支えになることがある。

事例 3-2
ハムちゃんがいるからがんばれる　（5歳女児）

ともみちゃんはこのごろ「ママと離れたくない」と言って，保育所に行くことを嫌がるようになった。ある朝，保育所のカバンにともみちゃんのお気に入りのハムスターのぬいぐるみを入れていた。実はともみちゃんは本物のハムスターを飼いたいのだが，「アパートだからダメ」，と母親から言われている。それで，ぬいぐるみのハムスターにおやつを食べさせるまねをしたり，ハンカチを布団のようにかけたりして，毎日かわいがっていた。母親は「保育所にオモチャを持っていっちゃいけないでしょう」と注意したが，ともみちゃんがどうしても「持っていく」というので，「カバンから出さないのよ」と念を押した。もうすぐ保育所に着くという時，ともみちゃんが小声で，「ハムちゃんがいるからがんばらなくちゃね」と独り言のようにつぶやいた。母親はハッとして，「そうか，ハムちゃん連れてきたんだものね。ママもともみちゃんと早く遊べるように，お仕事がんばらなくちゃね」と微笑んで言った。

光元は，おとなが子どもを心理的に守り，保護するものとして，①ことばでの受けとめ（受容），②ファンタジーの共有，もしくはファンタジーをふくらませる，③身体で抱きしめて守る，の３つをあげている[38]。子どものファンタジーの世界をおとなが否定せずに共有したり，ふくらませるような応答をすることで，子どもはよりいっそう豊かなファンタジーの世界をつくりあげることができ，それが子どものさびしい気持ちを支えてくれる働きをするのである。

表３－４　パーテンによる遊びの分類

遊　び	内　容
何もしていない行動	ひとりで身体を動かしたり何かをぼうっと見たりしている状態。首がすわり自由にいろいろな場所を眺めることができるころから，子どもは他者のしていることをよく観察する。他の子どもが楽しそうに遊んでいる姿を眺めていることも，次の段階への貴重な一歩となる。
ひとり遊び	他の子どもと話せる距離にいるが，一緒に遊ぼうとせずにひとりで遊んでおり，他の子どもとは違う遊びをしている状態。近くで遊んでいる子どもとは異なるおもちゃを使ってひとりで遊んでいる。２歳半ごろ多くみられる。
傍観者的行動	他の子どもの遊びを眺めているが，その遊びに積極的に参加しない状態。眺めている対象の子どもには話しかけたりはするが，遊びに参加することはない。２歳半～３歳に多くみられる。
並行遊び	他の子どもと同じ遊びをしているが，お互いの交流がない状態。すなわち，そばで同じ遊びをしていても，それぞれの子どもが自分の遊びに夢中で，お互いに関心を示していない状態。
連合遊び	他の子どもと一緒に遊んでいて，遊具の貸し借りや共通の活動に関する会話はあるが，遊びの中でのはっきりとした役割分担や共通のルールはみられない状態。４歳～５歳ぐらいになると多くみられる。
協同遊び	他の子どもと一緒に遊び，集団の中での役割分担やルールがみられ，何をやり遂げるかという目的が明確である組織的な遊び。お互いのもっているイメージを共有する「ごっこ遊び」では，ごっこの決まりに従って，役を演ずることなどを通して，ルールに従った行動ができるようになる。そうすると，このルールに従って他者と自分とを比べ勝ち負けを決めることに興味を抱くようになり，次第にゲームを楽しむようになる。ルールのあるゲームでは，味方と敵の区別も自覚されている。４歳～５歳になると急激に多くなる。

パーテンは，仲間との社会的相互作用能力の発達段階に基づいて遊びを**表３－４**に示すように６つに分類した。すなわち，「何もしていない行動」「ひとり遊び」「傍観者的行動」「並行遊び」「連合遊び」「協同遊び」である。また，２歳から４歳までこれらの遊びがどのように変化するかを観察した（**図３－６**）。

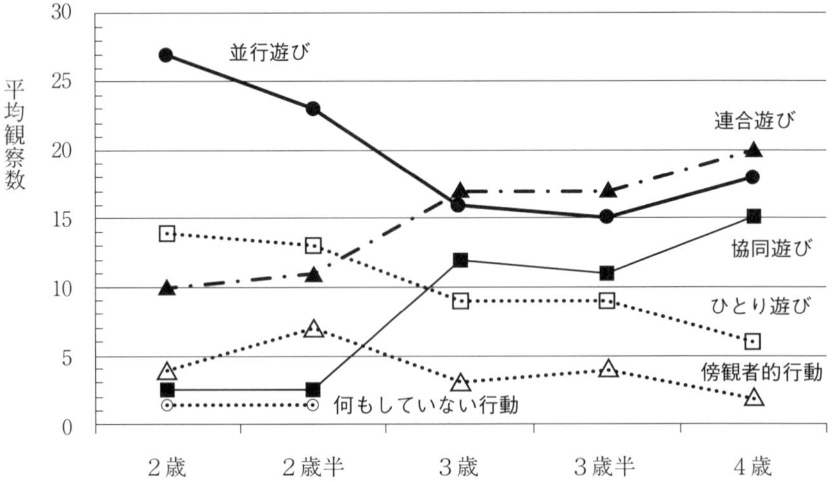

（注）平均観察数は，各年齢段階において6名の子どもを対象にそれぞれ60回（1回1分）観察し，各カテゴリーの遊びが観察された回数の平均を算出したものである。

図3－6　パーテンによる遊びの発達的変化（出典：パーテン（1932）を一部改変）

図3－6に示されているとおり，2歳代では並行遊びやひとり遊びが多く，3歳以降では連合遊びや協同遊びが増えてくることがわかる。乳幼児期の遊びは，ひとりでの遊びから双方向のやりとりを含む遊びへ，年齢とともに進んでいくことがわかる。すなわち，子ども同士のコミュニケーションが深くなるタイプの遊びへと発達していくのである。このように，遊びが発達する中で友だち関係や社会性が発達していき，また，友だち関係や社会性が発達する中で遊びが広がっていくといえよう。

ところで，パーテンはひとり遊びを低い発達水準の遊びとみなしたが，近年ではこうした解釈に対して，遊びの内容によっては年齢が高くなってもひとり遊びがみられることから，ひとり遊びが必ずしも発達的に遅れているわけではないことや，社会的不適応をもたらすわけではないことが指摘されている[39)40)]。

では図3－6を参考に，次の事例3－3について考えてみよう。

事例 3-3　どうしてこうなるの？（２歳児　保育所実習での記録から）

実習生のＣさんは保育所実習で，２歳児の子どもと砂場遊びをした。砂場では多くの子どもたちが遊んでおり，その中の１人の子どもが砂を高く山のようにしていた。「子どもたちと楽しく遊びたい」と考えていた実習生のＣさんは，まわりの子どもにも「一緒に大きなお山を作ろう！」と声をかけた。ところが，気がつくと一緒に山を作っているのは「先生，先生」と言ってきていた１人の子どもだけ。他の子どもたちは，黙々とバケツに砂を入れていたり，砂遊びに飽きてしまって他の遊びをしたりしていた。実習生のＣさんは「自分が子どもとうまくかかわれていない」と感じたが，どうしたらよいのかわからず，困ってしまった。

みなさんも実習に行ったとき同じような経験をしたことはないだろうか。図３-６を見ると，２歳では並行遊びが多く，３歳では連合遊びも出てくるがまだ並行遊びも多い時期であることがわかる。「他の子どもたちは相変わらずバケツに砂を入れている」ということは，子どもたちは並行遊びの段階であったと考えるのが妥当であろう。みなさんならどうするか，考えてみてほしい。

（宮本智美・星野美穂子）

5　ことばの発達

新生児の第一声は，「オギャー」という**産声**（音声）である。この音声は，母体内の羊水の中で暮らしていた胎児が，外界に出てきて初めて肺呼吸をしたという証である。産声からことばに至る間に，発声は成長とともに音の種類やその機能も徐々に変化していく。

1.　前言語期

ことばの発達の個人差は，非常に大きいが，１歳前後で**初語**（はじめての意味のあることば）が出る。それ以前は，発声はするがおしゃべりはできない。このような初語以前の時期を**前言語期**という。ことばを話す前の前言語期のコミュニケーションが，ことばの獲得にとって重要なステップなのである。

⑴　音　声

1)　はじめての声変わり

新生児は，私たちが今発しているような音声をだすことはできない。言語的音声をだせるのは生後2か月を過ぎたころからである。では，なぜ子どもはことばを話すまでに時間がかかるのであろうか。その答えの1つは，のどの構造が関係している。おとなと新生児では，顔の形，のどのつくりがまったく異なっている。話すためのさまざまな音をつくり出すしくみが，新生児ののどにはまだ備わっていないのである。しかし，このような形態のおかげで，母乳が誤って気道に入るのを防ぐ構造になっている。そして，3か月ごろまでには下あごや骨格が成長し，のどにスペースが生じ，言語的音声が出るようになる。

2)　クーイングから喃語

ことばを話し始めるまでの約1年，子どもはさまざまな方法を駆使して自分の気持ちを周囲に伝える。「おなかがすいた」「眠い」と不快な感情を泣いて訴える力をもっている。泣き声（叫喚）は，子どもの最初の自己主張であるといえる。生後2か月を過ぎたころ，機嫌のよい時に，初めて声のような音声を発するようになる。これは**クーイング**（鳩が鳴くような声）といわれ，「クークー」というやわらかく心地よい声を出すようになる。

クーイングの現れに続いて，3か月過ぎたころから，あごやのどの成長に伴い，より言語的な音声（のどを使った声）をだすようになる。これは**喃語**（なんご）と呼ばれ，「アー，アー，アー」というような一定のリズムや抑揚をもった音声が現れる。5～6か月ごろになると「ダダダ」「マンマン」など，同じ音を繰り返してだすようになる。これを**反復喃語**という。8～12か月ごろになると，コミュニケーションの意図をもった喃語が現れる。この時期の喃語は，**ジャーゴン**と呼ばれ，イントネーションやリズムが母語にそっくりになっていて，まるでおしゃべりをしているように聞こえる。喃語は，他者とのコミュニケーションをするためのことばとして重要な意味をもつが，乳児は1人でいる時にもさかんに声をだす。舌，唇，のどなどの構音器官を使って声を出す練習をし，さまざまな音がだせるようになる。

(2) コミュニケーション

1) おとなからのことばかけ

おとなが乳児に向かって話しかけることばと，通常おとなに向かって話しかけることばは同じではない。乳児に向かって話しかけることばは，声の調子が高い，抑揚が大きい，一つひとつの発話が短い，繰り返しが多いなどの特徴がある。この話し方は，**マザリーズ**という。近年では，音声学的特徴に限らず，広く子どもへの語りかけをとらえた**CDS**（child directed speech）という用語が使われるようになった。

2) 二項関係から三項関係へ

乳児もおとなの働きかけに対して，積極的に反応する。生後２～３か月ごろになると，見つめる，見つめ返す，微笑む，微笑み返す（社会的微笑），発声に対して発声で応答するというように，乳児とおとなとの間で１対１のコミュニケーションが成立するようになってくる。このような関係は**二項関係**や**間主観性**の現れである。親と子のやりとりの場を観察すると，ふとした瞬間に「通じ合っているなぁ」と感じられる時がある。このときの母親の心境は，「今機嫌がいいなぁ」とか「元気そうだ」などと，子どもの気持ちを感じているに違いない。このようにごく素朴に「私にはあなたの今の気持ちがわかる」という状態を，私とあなたの「あいだ」という意味を強調して，このような対人関係における通じ合いを間主観性という。

９か月を過ぎるころ，コミュニケーションに大きな変換点が生じる。乳児はおとなが見ているもの（偶然にではなく，おとなが見ていることを意識しながら）を一緒に見ること（**共同注意**）が可能となる。これは，それまでの「自分－人」「自分－モノ」という二項関係だけでなく，「自分－人－モノ」という**三項関係**ができあがったことを意味している。たとえば，乳児が空に飛行機が飛んでいるのを発見して驚いた時，「ほら，見て！」といったようにモノを**指さし**，並んで同じものを見ながら感動した体験を共有するといった，並ぶ関係が見られるようになる。10か月ごろになると，おもちゃを指さして「あれ，ほしい！」と母親に指さしで示したりする。あるものを共に見ることはそれを表現することにつながっていくし，１歳前くらいからおこる指さしは指を媒体として別の何かを人に示すことであり，ことばを使うことに非常に近い現象である。

2. 言語期

(1) 一語文の成立（1歳～1歳半）

1) 初語の出現

乳児が自分の声で発声することばを**表出語彙**（ごい）という。それに対して，発話はしないが，おとなから言われると理解できることばを**理解語彙**という。たとえば，保育者から「ティッシュ　とってきて」と言われて，自分では「ティッシュ」や「とってきて」という語を話せなくても，それを行動で示すことができればその語を理解しているととらえることができる。理解語彙は，9か月ごろから日常生活に密着した語に関して獲得が進む。一方，表出語彙については，1歳ごろから見られ，初めて意味のあることばを発するようになる。これを**初語**という。初語は喃語から生じることが多い。たとえば，「マンマ」という語を，初語が出る以前から繰り返し発しており，その語を子どもが具体的なもの（ごはん）と関連づけて使用し，さらに子どもを取り巻くまわりの人が，子どもがごはんを見て「マンマ」と言ったと認めた時に，初語が生まれていくといえる。

初語の出現とともに，「ワンワン」「ブーブー」「ニャンニャン」などの一語文（一語発話）を使用するようになる。たとえば，乳児が「ワンワン」と言ったとしよう。この一語によって，「ワンワン，いる」「ワンワン，かわいい」「あ，あそこにワンワンがいる！」などの意味を表している。このように，たった一語でもその状況によってさまざまな意味を伝えようとしているのである。この時期の子どもは，「ワンワン」を犬だけでなく，猫や馬を見ても「ワンワン」と言ってしまう現象が幼児にはよくある。この現象を「**般用**」という。自動車とトラックをどちらも「ブーブー」と呼ぶなど「般用」することもあるし，逆に「ブーブー」と言ったら自分の家の車だけをさす，というようにことばを通常より狭い意味に使う場合もある。

この時期の特徴として，**幼児語**と**幼児音**をあげることができる。犬をワンワン，車をブーブー，足をアンヨというようにおとなとは異なる子ども用の語彙を幼児語という。幼児語は，子どもにとって発音しやすく，音の反復やオノマトペ（擬音語，擬態語）が多く含まれる。幼児音とは，たとえば「かさ」ということばの発音が「かちゃ」に，「せんせい」が「てんてい」になど，発音の誤りや不明瞭さが目立つ場合をいう。

2）　**語彙の爆発**

初語から50語ぐらいまではだいたい半年ぐらいかかり，ことばの獲得の速度は比較的ゆっくりしている。50語を超えると（１歳半ごろ），語彙は急激に増加していく。この時期は**語彙の爆発期**と呼ばれている。この時期，子どもはモノには名前があることがわかり，「これなーに？」と指さしてしきりとモノの名前を尋ねるようになる。このころには，子どもが自分からモノに名前をつけようとする様子が見られることから，**命名期**（**第一質問期**）と呼ばれている。

(2)　二語文の獲得から多語文へ（１歳半～３歳）

１歳８か月を過ぎたころから，単語を２つつなげた**二語文**を話すようになる。この時期の二語文は，「マンマ，あった」「パパ，かいちゃ（会社）」のように，ガやハといった助詞が欠落した状態である。さらに，２歳ごろになると「パパ　かいちゃ　いっちゃった」のように三語以上の語をつなげた発話（多語文）を話すようになる。３歳児になると，「フォークもありますよ」のように，助詞や接続詞が使用されるようになる。しかし，しばしば文法的な間違いが見られる。たとえば，「あかいのくるま」や「まおちゃん，あした，どうぶつえんいったの」，「すきくない」，三輪車に乗って「かずくん，こげれるんだー」と言ったりする。また，「ころんで，ちがでた（血が出た）」「かににさされた（蚊に刺された）」などと，言い誤りも多い。

(3)　会話のためのことばから思考の道具へ（３歳～６歳）

３歳を過ぎたころには，「ドウシテ？」「ナンデ？」という理由や因果関係についての質問をよくするようになる。この時期を「**第二質問期**」と呼ぶ。たとえば，「なんでママはパパのサンダルはいてるの？」「なんでちりんは（きりん）はちりんてゆうの？」と日常のちょっとしたことにも自分から質問して知りたがり，説明を求めるようになってくる。3歳ごろになると，「おててきれいにするから，まっててね」など，「から」という接続助詞を用い，助詞の使用はほぼ完成に近づく。また，3歳ごろには，集団の中で**独り言**のような会話をすることがある。ヴィゴツキーは，このような独り言は思考のために声をださずに頭の中で発することば（**内言**）であり，他者とコミュニケーションのために声をだして発することば（**外言**）から内言への移行期に現れる現象だと考えた。小学校に入学するころまでには，内言が発達し，子どもは声をださずに頭の中だけで考えることができるようになる。しかし，この独り言は考えに詰まったり，難しい問題に直面したりするとおとなになってもみられることがある。

4歳ごろになると，自由に話しことばを操り，「**おしゃべりの時期**」といわれるほど，多弁に話をするようになる。4歳以降になると，**エピソード記憶***が成立し，自分自身が体験したことを報告できるようになる。子どもが過去を語る時は，母親が子どもに「今日はなにをしたの？」と質問し，なかなか答えられなければ，「誰と遊んだの？」など，おとなが子どもの語りの足場かけをしていく必要がある。

3．読む・書くの理解

(1)　一次的ことばと二次的ことば

4～5歳ごろになると，多くの子どもは文字に興味をもつようになり，文字が書ける子どもも出てくる。書きことばやたくさんの人に向かって一方的に話をする時のことばを，**二次的ことば**と呼ぶ。子どもが話し始めて6歳ぐらいまでの間に話すことばは，そのほとんどが目の前の相手に向かって語られることばであり，これを**一次的ことば**と呼ぶ。年長児クラスでは「せんせい　だいすき」などと書いて，友だちどうしや保育者と手紙のやりとりをすることがある。手紙といっても絵だけのものや文字のつもりで書かれた読めないものもある。この時期の手紙には，一次的ことばと二次的ことばが混在している状態が

＊**エピソード記憶**：第4章3学びの基礎にあるもの　記憶の項を参照。

多い。二次的ことばの場面では，聞いている人や手紙などの読んでくれる人が何を知っているか，どう言えばわかってもらえるかなどを，自分で考えながら，自分をコントロールする必要がある。一次的ことばと二次的ことばの関係は，一次的ことばが増えてくると二次的ことばに変わっていくというものではない。年長児になると，みんなの前に立って何かを発表するという機会を設けるなどして，意識的に二次的ことばの練習をしている幼稚園などもある。しかし，保育現場においては，ふだんの会話を通じて，保育者が「だれが」「どこで」などと質問することで伝える内容を完成させるなどの形で，二次的ことばへの支援（足場かけ）をしている場合が多い。

⑵　読み書きことば

子どもは，絵本の読み聞かせや遊びといった日常生活の中で文字にふれ始める。６か月ごろから多くの子どもは初めての絵本に出会う。しかし，まだ本として認識されておらず，かどをしゃぶったり，ページをめくったりすることに熱中している。そして，１歳を過ぎるころから読むことを楽しむようになる。自分から「読んで」と本を持ってきたり，一人でページをめくったりして絵本を読むようになる。ことばがでるようになると「ワンワン」などと絵本の絵を指さし，命名しながら読むようになる。３歳前後から絵本に書かれている文字記号に興味をもつようになり，文字の嘘っこ読みや嘘っこ書きを楽しみ子どもの姿が見られる。また，教えられなくても自分の持ち物や靴箱に書かれた自分の名前などを見て，日常生活の中で文字の必要性やその働きにも気づいてくるのである。

４歳ごろになると自分で絵本の文字を拾い読みをするとか，知っている文字を書くといった行為が見られ始める。文字を読めるようになった当初は，一つひとつの文字を指さしながら拾い読みをしているので，なかなか意味のまとまりまでには至らない。５歳ごろになり，文字を意味のまとまりとして読めるようになってくると，文字から内容の理解もできるようになる。

年長児の中には，かな文字が書ける子どももでてくる。ごっこ遊びの中で，かな文字が使われるようにもなってくる。年中児では，まだ覚えたての文字をぎこちなく，ごっこ遊びの看板に「ゆりぐみのいえ」「けーきやさん」「いりぐち」「でぐち」などと書いて示すようになる。年長児になると，看板だけでなくレストランのメニューを書いたり，「ここはいりぐちです」などと注意書きをすることが多くなってくる。保育所や幼稚園の生活における書きことばへの契機は，「おとなになったら○○になりたい」と七夕の短冊に願いごとを書いたり，サンタクロースに手紙を書いて送ったり，祖父母に手紙や年賀状を書いたりといった，保育の中に見られる。文字を書き始めた時期に見られるのが，**鏡文字**である。鏡に映ったような左右の空間関係が逆転した文字である。これは，間違って文字の形を記憶しているのではなく，書き出す段階で左右の配置が適切にできないために生じる。これは空間認識能力の成熟に伴い自然に修正されていく。

このように目の前にいない特定の誰かに向けて自分の願いや気持ちを文字で書く，不特定多数を想定して書くといった新たな二次的ことばの萌芽（ほうが）は，就学前のころには見られるようになるのである。幼児期には，上手に読めたり書けたりするよりも，ことばや文字に親しみをもち，読みたい，書きたいという興味や意欲を育てることが大切である。（藪中征代）

6　社会性の発達

1. 社会性とは何か

社会性とは，誕生してから社会の成員になるまでの過程で身に付けていくもので，人間関係を形成し，円滑に維持する能力をさす。では，その能力とは何であろうか。一般的に社会性というと，人間関係能力と同義に扱われることが多いが，乳幼児の発達の観点から見ると，それだけでは説明できない。目の前の子どもたちがこれから小学校に上がり，学び，人間関係を形成していくために欠かせないすべての能力を考えると社会性の意味が理解できるはずである。

まず，**基本的生活習慣**の獲得である。これらが自立していなければ，登校は難しい。また，給食では箸が使えること，けじめをつけ時間内に食べ終わることなども必須である。朝，決まった時間に登校し学ぶためには，睡眠リズムを整えること，健康面から清潔習慣の獲得も必要であろう。当然，排泄の自立は言うまでもない。次に，ある程度の**知的発達**である。ことばがうまく理解できない，話せないとなると，友だちや先生とのコミュニケーションや小学校での学習に支障をきたすであろうし，事物の概念形成，単純な数の理解なども必要であろう。さらに，基本的な**運動能力**も学校生活に参加するうえで大変重要な能力である。

これらを基本として，初めて，**人間関係能力**を円滑に育むことができるのである。「社会に適応して生きていく能力（社会的適応性）」，これこそが社会性と定義できるだろう。元気に小学校へ通い，円滑な人間関係を育み，社会の成員へと成長していく子どもたちであるが，中には社会的不適応から，さまざまな問題行動が指摘されている。犯罪など，社会に対して攻撃的で不適応な問題行動を**反社会性**とよぶ。一方，不登校やひきこもりなど，人とのかかわりを絶つような問題行動を**非社会性**とよぶ。後者は，誰かに直接攻撃を与えることはない。しかし，家から出ず，勤労せずという者の増加は大きな社会的問題であろう。社会性の基礎は，乳幼児期にその多くが獲得されると考えられるのである。では，その発達を考えてみよう。

2. 愛他行動の発達

愛他行動*の発達を促すにはどのようなことが重要なのだろうか。1つは他者への共感性を育むことである。他者がどういう状況にいて，どういう感情を抱いているかを理解し，その感情を共有することである。これは自然に発生してくるものではなく，人とのかかわり，特におとなとのかかわり方が重要になっていく。子どもの**共感性**を育てるのは，養育者自身がまず子どもと共感的なかかわり方をすることである。子ども自身が受容的で愛情豊かな環境で育てられることであろう。人に優しくされると，自分も人に対して優しくしてあげたいと思うのと同じである。安定感のある，精神的な心のゆとりが人を思いやる優しさを生み出すのだ。

次に重要なのは，子どもとかかわるおとな自身が愛他行動をとることである。子どもはおとなの行動をつぶさに観察して，その行動パターンを取り入れ

＊**愛他行動**：他者の利益のために，外的報酬を期待することのない自発的行動。

る。このような学習の仕方をバンデューラ*は「モデリング（観察学習）」と呼んだ[41]。「子は親の背中を見て育つ」というように，子どもは親の日常の行動を観察して，それをまねしたいという気持ちから，同じようなことをすることができるようになっていく。愛他行動を学習と結びつけるには，しつけという側面を伴うといえる。

事例 3-4
愛他行動の発達　（2歳女児）

　みゆちゃん（2歳）は，使っていたスコップを置いてお山を作っていた。それを見ていたゆきちゃんはすかさずスコップを使い始めた。また，スコップを使おうとしたみゆちゃんはスコップがないことに気づき泣き出した。母親が「早く返してあげなさい」というと，ゆきちゃんはプンと不満げな表情になった。「ゆきちゃんも使いたいけど，みゆちゃんも使いたいんだって。ゆきちゃんが使い終わったらみゆちゃんに返してあげようか」と母親が言うと，ゆきちゃんは，言われたとおり，使い終わってすぐに「はいどうぞ」とうれしそうにスコップを差し出した。子どもは自分の要求も受け入れられ，相手の欲求も満たせることを学んだ。

　事例3–4のように，子どもの行動を修正するだけでなく，母親自らがモデルとして，ことばや行動で示していくことで，模倣しながら適切な愛他行動を獲得していくのである。

3. 道徳性の発達

　人の行為の善悪や公正さを判断する際，私たちは何らかの基準に照らして判断している。その判断の質が道徳性である。他者の行為だけでなく自分の行為に対しても判断をしているのである。そして自分が間違っていたと思えば罪悪感や恥ずかしさを覚える。道徳性は周囲の人からの教育的働きかけや仲間とのかかわりの中で発達していくのである。たとえば，公園の花壇のお花を摘み取

＊バンデューラ（Bandura, A. 1925～）：自己効力感や社会的学習理論（モデリングによる学習）で知られる心理学者。

ろうとしている年少児が「取っちゃいけないんだよ」と年長児に言われて，はっとして「お花は摘み取ってはいけない」ということに気づくこともある。

私たちは，ある行為に対して，自分なりの善悪や公正さの基準に照らして，道徳的判断をしている。そして，その判断基準は発達とともに変化するとコールバーグ*は述べている[42)43)]。ここでは，コールバーグの提唱した6つの段階の中から乳幼児期の道徳発達について説明する。

①罰と服従への志向

第1段階は，おとな（おもに養育者）のいうことが絶対的でそれにそむくことは何らかの罰を伴う。特に養育者から否定されることは子どもにとって脅威となることから，子どもは養育者の規範に従うようになる。

②手段的相対主義への志向

第2段階は，自他の分化という認知発達に伴い，物事の相対性に気づくようになると，自分にも欲求や願望があるように，他人にも欲求や願望があることを理解できるようになる。そして正しいこととは，自分あるいは時として他人の欲求や願望が満たされるかどうかが基準となる。たとえば，お友だちをたたいて泣かせてしまった子どもが，「おまえが悪いんだぞ，たたかれるようなことをするからだよ」と自己正当化してしまうことがある。家庭では，母親が，父親との会話で「そんなこと言うなんて失礼ね」と言ったりすると，子どもは，「そんなこと言うなんて失礼よ」と言ってみて母親の味方をしたと思うと，また，父親が「お母さんのためを思って言ったつもりだったんだが」と言うと「そうよね」と今度は父親の味方をしたりする場面からもわかる。

③人間関係における協調への志向

さらに第3段階になると，子どもはより広い社会的な事象（慣習）を視野に入れて，道徳的判断をするようになる。多数派の考え方に自分を同調させて，周囲から肯定的評価が得られるかが，重要となる。「みんなやってるし」「みんながそう言ってた」「そんなことしたらみんなから嫌われる」からそれは悪いという判断になる。

道徳性の発達を促す要因は，親子関係にはじまり，親子を含めた他者とのか

---

* コールバーグ（Kohlberg, L. 1927～1987）：道徳性発達理論を提唱したアメリカの心理学者。

かわり，経験を重ねていく中で，加えて，おとなからの適切な介入に助けられながら発達していく。

一方中里によると，道徳性の行動的側面の1つとして，誘惑への抵抗力という側面があるという[44)]。この形成要因は，次のようにまとめられる。

① 両親と子どもとの間に相互信頼の雰囲気ができていることが必要である。従来は母子関係が重視されていたが，父子関係も誘惑への抵抗力の形成と強い関係を有する。

② どんな形のしつけでも，それをしないよりはしたほうが，強い誘惑への抵抗力を形成する。

③ 母親が子どもに示す「温かさ」が，子どもの誘惑への抵抗力を強める。

④ 他人の喜びや悲しみをともに感じるという共感性の強弱が誘惑への抵抗力の形成と関係する。

抵抗力への形成要因については，まだわからないことも少なくないが，両親が子どもに示す，基本的な態度が重要であると考えられる。しつけの仕方はさまざまであると思うが，その仕方そのものよりも，親が子どもに示す温かさや信頼感は，より重要な要因ということである。

4. ピアジェの社会的ルール

ピアジェは子どもの遊びについての観察や質問，短い物語に対する子どもの行動について善悪の判断をさせた[45)]。

> ①　まりちゃんはお母さんの手伝いをしていて誤ってお皿を割ってしまいました。お皿がたくさん割れました。
>
> ②　じゅりちゃんは台所で遊んではいけないと言われていましたが，ふざけて遊んでいて，お皿を一枚割ってしまいました。

①と②どちらが悪いかと聞くと，判断には個人差があるものの，８，９歳を境に結果的な判断から動機的な判断に移行することを見出した。ルールの理解やうそについての道徳的な判断の実験についても全般的に言えることは，道徳性は他律的なものから自律的なものに発達すると考えられる[46)]。

5. 社会化の過程

幼児期の日常はすべてが遊びであり，遊びは生活そのものである。そして子どもの精神的，身体的，運動能力などあらゆるものがそこから発達するといえ

る。では，子どもの個性化，社会化の発達はどうであろうか。やはり遊びの内容を人間関係という観点から見るとわかりやすい。年少児期は自己の芽生えによって自己主張を多くするが，まだ他児を受け入れるまでには発達していない。数名で遊んでいるようでも，おとながついて調整をしなければ遊びは続かないことになる。しかし，年長児期になると大勢の仲間や集団の遊びにおいて，自分だけの主張ではなく，相手あるいは集団の意見を聞いてそれに従うことができるようになる。いわば，自己制御の能力が芽生えてくる。このような態度がでてくることを対人関係における**社会化**という。個人がある集団に受け入れられるためには，その集団で必要とされる，知識，技能，態度，価値，動機などを獲得し，その集団において一定の許容範囲の行動様式を示すようにならなくてはならないのである。

時に年齢の異なる子どもと遊ぶ経験は社会化を促進させることになるであろう。少子化によりきょうだい関係や近隣の異年齢集団で遊ぶ機会に恵まれないこともある今日において，保育園，幼稚園での縦割り保育の実施，地域におけるさまざまな集団との交流への参加はこれらを補うものであろう。（緒方玲子）

演習課題

①子どもにとって運動がなぜ重要なのか，考えてみよう。
②子どもが好きな体を使った遊びをあげてみよう。
③前操作期の子どもの特徴をあげてみよう。
④具体的操作期の子どもの特徴をあげてみよう。
⑤乳幼児期に健全な愛着の獲得が必要な理由を考えてみよう。
⑥遊びが子どもの発達にとって重要な理由を考えてみよう。
⑦子どもにとってことばを獲得するという意味はなんであるか。考えてみよう。
⑧ことばの発達の過程を年齢別（乳児期，幼児前期，幼児後期，児童期以降）に分けて説明してみよう。
⑨道徳性はどのように発達していくか考えてみよう。

推薦図書

●『新訂お話とその魅力作品と話し方のポイント』　相馬和子他　萌文書林

子どものことばを育み，日本語の美しさを伝える保育活動として，おはなし（語り）や絵本，紙芝居，パネルシアターなどがある。学生のみなさんが実際に教材を選択したり，演じたりする際のヒントとなる１冊。

●『乳幼児教育における遊び―研究動向と実践への提言―』

O. N. サラチョ・B. スポデック共編著　培風館

「幼児は遊びを通して学ぶ」「乳幼児の遊び活動が心身の発達の源である」という考えのもと，乳幼児教育学研究における「遊び」に焦点をあて，実践への示唆を紹介した書である。

●『常識を疑ってみる心理学』　伊藤哲司　北樹出版

「モノの見方のパラダイム変革」という副題がついている。常識的な考え方やモノの見方を一度疑ってみて，別の角度から考えてみようという本である。血液型，占い，超能力などの話題を取り上げて，「常識的ではない見方」をしてみることを提案している。

●『「好き」と「嫌い」を心理学してみました』　土居伊都子　こう書房

人間関係に積極的になるために，人に好かれる努力をするために，いい恋愛をするために，「好き」と「嫌い」の感情を解説してある本である。人間のおもしろさが書かれていて，人間関係を上手につくるためにとても参考になる本。

【文　献】

1）厚生労働省雇用均等・児童家庭局　2001 『乳幼児身体発育調査』

2）文部科学省スポーツ・青少年局　2006『平成17年度体力・運動能力調査報告書』

3）大崎利紀子　2009 「幼児の自己統制機能と社会性に影響を及ぼすおむつの長期使用について―幼児の生活習慣との関連，母親の意識を知る―」　武蔵野大学通信教育部人間関係学部人間関係学科　卒業論文

4）原崎正司・鈴木順和　1990 「宮崎県の幼児の運動能力に関する研究」　宮崎女子短期大学紀要　16，79－92

5）原崎正司・鈴木順和　1991 「幼児の運動能力に関する研究（Ⅰ）」　宮崎女子短期大学紀要　17，195－205
6）藤沢弘造　1980 「体力・運動能力と性格」　教育心理　28，910－915
7）金河須実子・吉谷千恵子・米山富士子・樺沢赳一　1985 「幼児の運動能力に関する研究」　日本体育学会第36回大会号（36），491
8）北江紀子・流王農・宋高弘子・加賀勝・竹内研・岡田秀子　1989 「保育所における一輪車の研究―運動能力と性格特性とのかかわりについて―」日本保育学会第42回大会発表論文集
9）鈴木順和・原崎正司　1991 「幼児の運動能力に関する研究（Ⅱ）」　宮崎女子短期大学紀要　18，41－59
10）鈴木順和　1993 「幼児の運動能力の発達に関する研究⑹運動訓練と知能発達の関係」日本教育心理学会総会発表論文集（35），406，－10－08
11）岩崎洋子・杜淳香　2007 「同一幼稚園における運動能力と運動技能の関連Ⅱ」　日本保育学会第60回大会発表論文集　884－895
12）高橋道子　1990 「乳児の認知と社会化」　武藤隆・高橋惠子・田島信元編 『発達心理学入門Ⅰ――乳児・幼児・児童』　東京大学出版会
13）Piaget, J. and Inhelder, B. 1956 The child's conception of space. London: Routledge and Kegan Paul.
14）林創　2007 「発達の理論――発達を見つめる枠組み」　藤田哲也編著 『絶対役立つ教育心理学――実践の理論，理論を実践』　ミネルヴァ書房
15）Siegler, R. S. 1986 Children's thinking Prentice-Hall Inc.（無藤隆・日笠摩子訳 『子どもの思考』　誠信書房）
16）Baillargeon, R., Spelke,E. S. and Wasserman, S. 1985 Object perfprmance in 5-month-old infants. Cognition, 20, 191-208.
17）Gowasumi, U. 1998 Cognition in children. Psychology Press Ltd.（岩男卓実・上淵寿・古池若葉・中島伸子訳　2003 『子どもの認知発達』　新曜社）
18）Baillargeon, R. 1987 Object perfprmance in 3.5-and 4.5-month-old infants. Developmental Psychology, 23, 21-41.
19）Light, P., Buckingham, N. and Robbins, A. H. 1979 The conservation tasuk as an interactional setting. British Journal of Educational Psychology, 49, 304-310.
20）Donaldson, M. 1978 Children's minds. Fontana.
21）ボウルビィ，J.／黒田実郎他訳　1981 『母子関係の理論Ⅲ　対象喪失』　岩崎学術出版
22）繁多進　1987 『愛着の発達――母と子の結びつき』　大日本図書
23）Ainsworth, M. D. S., Blehar, M. C., Watters, E. & Wall, S. 1978 Patterns of attachment, Hillsdale, N. J., : Lawrence Erlbaum Associations.

24）東洋・繁多進・田島信元編集企画　1992 『発達心理学ハンドブック』　福村出版
25）百合本仁子　1981 「１歳児における鏡像の自己認知の発達」『教育心理学研究』29（３） pp.261－266
26）Lyons–Ruth, K., Alpern, L. & Repacholi, B. 1993 Disorganized infant attachment classification and maternal psychosocial probleme as predictors of hostile–aggressive behavior in the preschool classroom child development, 64, pp.572–585.
27）森下正康　1988 「児童期の母子関係とパーソナリティの発達」『心理学評論』31 pp.60－75
28）大野澄子・岡宏子・白川公子・比留間敦子・谷川弥生・樋口のぞみ　1982 「乳児期の精神発達と母子関係（９）」『日本教育心理学会第24回総会発表論文集』pp.336－337
29）高野陽　1994 「父親と子供の成長」　高橋種昭編 『父性の発達』　家政教育社
30）Thomas, A., Chess, S., Birch, H., Hetzig, H., Korn, S, 1963 Behavioral individuality in early childhood, New York, University Press.
31）詫摩武俊監修　1998 『性格心理学ハンドブック』　福村出版
32）MaCrae, R. R. & Costa, P. T. 1987 Validation of the Five–factor model of personality across instruments and observers. Journal of Personality and Social Psychology. 52, 81–90.
33）曽我祥子　1999 「小学生用５因子性格検査（FFPC）の標準化」『心理学研究』70, 346－351
34）ホイジンガ，J.／里見元一郎訳　1971 『ホモ・ルーデンス（ホイジンガ選集①）』　河出書房新社
35）上出弘之・伊藤隆二編　1980 『治療教育講座14　子どもと遊び』　福村出版
36）ピアジェ，J. 1962/1967　　大伴茂訳 『遊びの心理学』　同文社
37）Parten, M.B. 1932 Social participation among pre–school children. Journal of Abnormal and Social Psychology, 27, 243–269.
38）光元和憲　2008 『内省心理療法入門』　山王出版
39）大内晶子・桜井茂男　2005 「就学前児における非社会的遊びと社会的適応との関係」『筑波大学心理学研究』30, 51－61.
40）Rubin, K.H. 1982 Nonsocial play in preschoolers : Necessarily evil? Child Development, 53, 651–657.
41）Bandura, A. 1986 Social foundations of thought and action : A social cognitive theory. Prentice–Hall.
42）Kohlberg, L. 1963 The development of children's orientations toward a moral order : Ⅰ. Sequence in the development of moral thought. Vita Humana.
43）Kohlberg, L. 1969 Stage and sequence : The cognitive–developmental approach to socialization. In D. A. Goslin(ed.), Handbook of socialization theory and research. Rand–McNally.

44）加藤義明・中里至正・加藤紀子編著　1987『入門　発達心理学』　八千代出版　p.148
45）ピアジェ，J. 1932　大伴茂訳　1954『児童道徳判断の発達（臨床児童心理学Ⅲ）』　同文書院
46）大西文行編　1991『道徳性と規範意識の発達（新・児童心理学講座９）』　金子書房

Ⅱ

生活と遊びを通した学び

―保育の心理学Ⅱ―

第4章
子どもの生活と学び

1　学びとは

1. 学習の定義

4

私たちは，日々いろいろな経験を通して，多くのことを身に付けている。このことを心理学では「学習」という。学習ということばを聞くと，皆さんが思い出すのは，学校で教師がテキストを使って知識を一方的に教えるという光景ではないだろうか。そこでは，教師が教え，子どもたちは教えられるという受動的な学習となっている場合が多い。

しかし，学習とは，何も学校での教科の勉強のことだけを意味するのではない。子どもたちは，日常生活の中で，遊びを通して，能動的に多くのことを学習しているのである。たとえば，食事の仕方や歯磨きの仕方などの基本的生活習慣，虫の捕まえ方，三輪車の乗り方など，実に多くのことを学習している。このように，子どもたちは日常の体験を通して多くのことを身に付けており，毎日が学習の連続なのである。このように考えてくると，保育において「学習」はとても重要なことだといえよう。

保育者を目指すみなさんにとって，子どもたちの「学習」について理解し，子どもたちの「学習」への適切な援助ができるような資質を培っていくことは重要なことである。

心理学では，「**学習**」とは，「経験に基づく，比較的永続的な行動の変容」と定義されている。学習は経験による変化だが，経験によらない変化としては「発達」がある。「発達」は年齢を重ねるにしたがって，心身が変化していくが，経験によって決まる部分よりも，遺伝などの生得的に決まっている部分が多く見られる。また，「比較的永続的」とは，学習による変化がある程度その人の中に消えないで残ることを意味している。変化しても，それがすぐに元に戻ってしまっては，学習されたとはいえないだろう。

2.「遊び」にみる子どもの学び

子どもは日々の保育活動の中で友だちとの遊びの中で，いろいろなことを学び成長している。たとえば，年長児の積み木遊びをみてみよう。年長児は，どこにどんな形のものを作るかということを想像力を働かせて考える。そして，その考えたことをことばを使って友だちに伝えたり，友だちと意見のやりとりをしたりしながら，積み木を構成していく。三角や四角の積み木を，どう構成すれば積み木は倒れないかを，試行錯誤しながら工夫することも必要である。このように考えてくると，積み木遊び一つとっても，友だちとの交渉力，形やしくみの理解，ことばの使い方，積み木をどう組み立てるかという表現力，手先をうまく使う運動まで含め，総合的な学びの要素がたくさんある。このように，子どもたちは，日々の「遊び」の中でかかわり合いながら，多くのことを学び成長していくのである。

それでは，保育者はその様子を見ているだけかというとそうではない。遊びの世界での学びは，「子どもにとっての価値ある知識・技能や活動」であるが，おとな（保育者）もそのことを価値あるものとして認めていくことが大切である。すなわち，幼児期の発達や一人ひとりの特性，遊びの展開を見通したうえで，時にはことばをかけ，遊具を準備し，より遊びが充実するよう援助していくことが保育者の援助である。そして，「遊び」を幼児教育のみならず，小学校教育へ，「遊びを通した自発的学び」としてつないでいくことが必要となってくる。

子どもたちは，友だちとの遊びや活動を繰り返しながら，自ら課題を見つけ，試行錯誤しながら挑戦している。この挑戦は，子どもたちの10年後，20年後の生きる力となり，新しい時代を力強く生きていくための原動力になると，保育者は考えて，日々子どもの保育にあたってほしいものである。（藪中征代）

4

2　さまざまな学びの理論

私たちは，練習や経験によって新たに知識や技能を身に付けたり，それまでできなかったことができるようになったりする。こうしたことを，学習と呼ぶ。すなわち，経験による永続的な行動の変容が学習であり，成熟によるものや一時的なものは学習とは呼ばない。

1. 条件づけ

公園の池のほとりに立つと，鯉が寄ってくるという経験をした方は多いだろう。また，水族館で見事なイルカのショーを見たこともあるだろう。こうしたことは，条件づけで説明できる。

(1)　古典的条件づけ（レスポンデント条件づけ）

1)　パブロフのイヌ

パブロフは，イヌに餌を与えるたびにベルの音を聞かせ続けていると，やがて，ベルの音を聞くだけで，イヌが唾液を分泌するようになることを見いだした[1)]。このような現象を古典的条件づけという。餌を与えられると唾液が分泌されるのは生理的な反応であり，この場合の餌を無条件刺激，唾液分泌を**無条件反応**と呼ぶ。ベルの音は，唾液の分泌とはもともと無関係であり，これを中性刺激と呼ぶ。ここで，餌とベルの音とを対にして同時に呈示することを繰り返すと，ベルの音を聞くだけで唾液の分泌が起こるようになったわけだが，この状態になった時のベルの音を条件刺激，唾液の分泌を**条件反応**という（**図 4－1**）。

古典的条件づけは，生得的，不随意的な反応に生じることが多く，本人の意志や自覚とは無関係に生じる。また，単なる時間経過だけではこの条件づけは消えることはなく，ベルの音で唾液を分泌させないようにするためには，条件刺激のみを呈示する消去の手続きが必要である。一般に古典的条件づけは，消去抵抗が大きいことがわかっている。

[初期状態]

餌 （無条件刺激）	→	唾液分泌 （無条件反応）
ベルの音 （中性刺激）		

[条件づけの手続き]

餌 ベルの音	］対呈示

[条件づけ成立後]

ベルの音 （条件刺激）	→	唾液分泌 （条件反応）

図4－1　パブロフのイヌにおける古典的条件づけの成立

池のほとりに立つと鯉が寄ってくるというのも，古典的条件づけである。人が鯉に餌を与える時，その人は池に近づく。足音がしたり影がさしたりする。鯉は，餌がまかれるとそれを食べようと餌のほうへとやってきて，餌を食べる。餌と足音（あるいは人影）とが対呈示されることによって，やがては足音（あるいは人影）だけで，鯉が寄ってくるようになる。あるいは，「梅干し」と聞いただけで唾液が出てくるのも，同じである。

2)　アルバート坊や

先に，古典的条件づけは，本人の意志や自覚とは無関係に生じると述べたが，本人が，無条件刺激と条件刺激とが対呈示されたという自覚がなくても，あるいはそのような経験をしたことを忘れてしまっていても，成立する。ワトソンとレイナーは，アルバートという11か月の健常な男児に，白ネズミ恐怖症をつくりあげた[2)]。最初，アルバートにとって白ネズミは遊び相手であり，恐怖や嫌悪の対象ではなかった。そこで，アルバートが白ネズミのほうへ手を伸ばしてさわろうとした時に，鉄の棒をハンマーでたたき，大きな音を出す（大きな音に対しては，アルバートは驚きと恐怖で泣き始める）。これを繰り返したところ，やがてアルバートは，白ネズミを見ただけで泣き出すようになり，さらには，白ウサギなどの白い毛で覆われたもの，白いひげを生やしたサンタクロースの面に対しても，恐怖を示すようになった（これを**般化**という）。

このようにして，アルバート坊やは（気の毒にも）古典的条件づけのメカニズムにより白ネズミ恐怖症となったわけだが，恐怖という情動と結びついた場合，その消去抵抗は非常に大きい。治療を考える場合には，やはり古典的条件づけの手続きを用いた方法が有効である。恐怖を引き起こす条件刺激（アルバートの場合は，白ネズミ）に対して，恐怖とは両立しない反応（たとえば，リラックスした気持ち）を条件づける。系統的脱感作法は，その１つである。あるいは，恐怖や不安を引き起こす場面に繰り返しさらすという曝露（ばくろ）療法などである。当然のことながら，こうした治療には専門家をはじめとするまわりのサポートが必須である。

なお，ここでは悪感情について取り上げたが，あるものに対する好感情も，同様に古典的条件づけで説明できる場合がある。私たちには，理由はよくわからないが，なぜかこわい，不安になるものがある。逆に，さしたる理由もないが，なんとなく好きだったり楽しくなったりするものもある。こうしたことの裏側には，私たち自身も忘れてしまっている経験が潜んでいるのかもしれない。

3)　味覚嫌悪学習

古典的条件づけの手続きにのっとっているが，ある意味で“変わり種”の条件づけとして，**味覚嫌悪学習**がある。これは，発見者ガルシアの名前をとって，**ガルシア効果**とも呼ばれる。何か食べ物に「あたった」後，その食べ物を食べるのを控えるようになるが，それが味覚嫌悪学習である。ガルシアらは，ラットを２つのグループに分けた。実験群には，そのラットがそれまで食べたことのない餌を与え，その後，ラットにとって害になるものを与えた。統制群には，その害になるものだけを与えた。当然ながら両群のラットとも，苦しむこととなった。しばらくして，ラットが十分快復したころに，あらためて先ほどの餌を両群に与えてみると，統制群のラットはその餌を食べるのに対し，実験群のラットはほとんど食べることがなかった。つまり，実験群には，その餌を回避するという条件づけが成立したのである。

この条件づけが“変わり種”であるのは，１回の学習で成立する点，条件刺激（餌）と無条件刺激（毒）との時間間隔が数時間と長くても成立する点，消去抵抗が極めて大きく，ほぼ永続する点にある。これは，「命を守る」ということからくるものだろうと考えられる。

⑵　道具的条件づけ（オペラント条件づけ）

古典的条件づけの理論は，生得的な反応に関する学習であり，特定の刺激に対して無条件に，不随意に起こる反応をもとにしたものである。しかしながら，私たちの行動や学習は，それだけによるものではない。たとえば，旅先でホテルの部屋に入ると，あちらこちらの扉や引き出しを開けてそこに何があるか確かめたり，スイッチを押してどこの明かりがつくかを見たりする。いすに腰掛けたり，ベッドに寝そべってみたりするかもしれない。

さて，空腹なネズミを，レバーやひもやスイッチなど，さまざまな仕掛けのある箱の中に入れたとしよう。ネズミは，うろうろと歩き回ったり，あちらこちらのにおいをかいでみたり，レバーを押してみたり，ひもを引っ張ってみたりするだろう。このとき，もし（たまたま）レバーを押したら餌が出てきたとする。あるいは，（たまたま）レバーを押したら電気ショックを受けたとする。その後このネズミはどのように行動するだろうか。

ある反応の結果がどのようなものであるかによって，その反応の生起頻度を変化させる条件づけを，**道具的条件づけ**と呼ぶ。この時の「ある反応」とは，その人がもともともっている行動レパートリーの中のものであり，このような自発する反応をオペラント行動と呼ぶ。

1）　結果の種類

ある反応の結果は，随伴する刺激が快刺激であるか不快刺激であるか，その刺激が出現するか消失するかで，次の４つに分けられる（**表４－１**）。すなわち，**正の強化**，**正の罰**，**負の強化**，**負の罰**である。正の強化は快刺激の出現，正の罰は不快刺激の出現，負の強化は不快刺激の消失，負の罰は快刺激の消失である。また，その出現が正の強化となるものを正の強化子，その消失が負の強化

表４−１　道具的条件づけにおける４種の結果と行動の変化

		刺激の種類	
		快刺激	不快刺激
刺激の操作	出現	正の強化 →　行動の増加	正の罰 →　行動の減少
	消失	負の罰 →　行動の減少	負の強化 →　行動の増加

となるものを負の強化子，その出現が正の罰となるものを正の罰子，その消失が負の罰となるものを負の罰子と呼ぶ。

私たちは，自分のまわりの環境が，自分にとってよりよいものになることを望む。したがって，自分にとってよりよい環境をもたらすような行動は繰り返し，逆に，環境が悪化するような行動はやめようとする。これを４種の結果に当てはめれば，正の強化と負の強化は行動を増加させ，正の罰と負の罰は行動を減少させるということになる。

先に挙げたネズミのことを考えてみよう。レバーを押したら餌が出てきたというのは，正の強化である。これを経験したネズミは，その後，レバーを押す回数が増えるであろう。また，レバーを押したら電気ショックを受けたというのは，正の罰である。これを経験したネズミは，その後，レバーを押す回数が減るであろう。なお，負の罰は，それまで自由に餌が食べられていたのに，レバーを押したらその餌が取り上げられてしまったというような場合，負の強化は，常に床に電流が流れていてぴりぴりしていたのが，レバーを押したら止まったというような場合である。

子どもが「だだをこねる」というのはよくあることであるが，それがひどくなっていくとしたら，それは，親をはじめとするまわりのおとなが，知らず知らずのうちにその「だだをこねる」ことを強化している可能性がある。欲求不満，たとえば何かほしいものがあってそれが手に入らないというような際に泣くというのは，幼い子どもにはよくあることである。泣いてほしがっている時に強化を与えないと，子どもはよりいっそう激しく泣くこともある。そうした時に，おとなが根負けして子どもの欲求を満たしてしまう（強化する）と，「激しく泣く」という行動が増加する。次の機会には，欲求が満たされるまで，だんだん強度を上げて泣き続けるだろう。

2)　強化のスケジュール

上でみたように，オペラント行動の生起頻度を増加させる手続きを強化というが，正の強化子をどのように与えるかによって，行動も変わってくる。その強化子の与え方を**強化のスケジュール**という。

代表的な強化のスケジュールは，**表4－2**の5種類があるが，すべてのオペラント行動に強化を与えるのが連続強化，ある条件を満たした時だけ強化を与えるのが部分強化である。これらのうち，最もオペラント行動の出現率が高くなるのは，VRである。VIは，適度な頻度でむらのない反応を維持できる。なお，強化によって生起頻度が増加したオペラント行動に対し，強化を与えないようにする手続きを消去という。消去手続きにより最も早く消去されるのは連続強化スケジュールであり，部分強化，特にVRやVIは消去抵抗が大きく，なかなかその行動をやめない。

表4－2　強化のスケジュール

スケジュールの種類			内　容
連続強化スケジュール			すべての反応に強化を与える。
部分強化スケジュール	間隔強化スケジュール	固定間隔(FI)スケジュール	前の強化から一定時間が経過した後の最初の反応に強化を与える。
		変動間隔(VI)スケジュール	前の強化からある時間が経過した後の最初の反応に強化を与える。その間隔は変動するが，平均すると一定の間隔となる。
	比率強化スケジュール	固定比率(FR)スケジュール	一定の回数ごとに強化を与える。
		変動比率(VR)スケジュール	不定の回数ごとに強化を与える。何回に1回強化を与えるかは変動するが，平均すると一定の回数になる。
消去			強化を一切与えない。

3)　シェイピング

道具的条件づけの考え方を応用すると，通常は難しいと思えるような行動もさせるようにすることができる。これは，獲得すべき目標行動までの過程を小さな段階（**スモールステップ**）に分け，徐々にその目標行動に近づけていくという**シェイピング**という方法を用いればよい。水族館のショーのイルカの見事なジャンプは，こうした手続きで可能になったと考えられる。

4)　何が強化子となるか

上でみたように，ある行動に対して快刺激を与えれば，その行動は起こりやすくなり，不快刺激を与えれば，その行動は起こりにくくなる。ここで気をつけなければならないことは，何が快刺激となり，何が不快刺激となるかは，その人のおかれた状況や性格，考え方などによって異なることである。

4

たとえば，一般に叱責（しっせき）は不快刺激である。あることをして叱責されたなら，今後そのような行動はしないようにするだろう。しかし，他人との交渉を欲し，叱責を自分に対する注目と受け取るような状況におかれている人に対しては，叱責は，快刺激となる。つまり，その行動をやめさせようと叱れば叱るほど，その行動は増加するということになる。

5)　罰の副作用

繰り返しになるが，ある行動を減少させようとするならば，その行動が起こった時に罰を与えればよい。強化と罰とを適切に組み合わせることにより，行動をコントロールすることができる。しかしながら，罰には，こうした効果もあるが，副作用もあることがわかっている。まず，罰は不快刺激であるから，恐怖や嫌悪，怒りなどの情動を起こさせる。そのため，減少させたい当の行動だけではなく，それ以外の行動も全般的に抑制することになる。次に，罰を恐れ回避するために，行動の結果を隠すこと（うそ，仮病，責任転嫁，知らんぷりなど）を助長する。これを防ぐためには，ずっと監視を続けることが必要となってくる。最後に，罰を与える人，たまたままわりにいた人への攻撃行動を引き起こすことがある。

そのうえで，罰を与えるならば以下のことに留意する必要がある。①徐々に強度を上げていくよりも，最初から一定以上の強度で与える，②即時に与える，③連続性のスケジュールで，すなわち，毎回与える，④罰を与えようとする行動と両立しない別の行動に，強化を与えるようにする。

2. 観察学習

保育所や幼稚園で出席をとる際などに，保育者がある子どもに「たろうくん，きちんと座れているね，かっこいいね」と言うと，他の子どもたちもたちまち背筋を伸ばし，姿勢を正すことがある（この場合，たろうくんにならった他の子どもたちもほめる（強化する）ことが大切であり，また，最初にほめる子が偏らないように留意することが必要なのは言うまでもない）。

前項で述べてきた条件づけによる学習は，学習者自身が直接経験することによってなされる学習であった。しかし，私たちは，モデルの行動を観察することでも学習を行う。たとえば，他者がある行動をし，それに対して強化が与えられると，それを見ていた人は，その行動をするようになる。これを**観察学習**と呼ぶ。

モデルが受ける強化を**代理強化**（罰の場合は代理罰）というが，代理強化は実際にその行動をとるかどうかには影響しても，学習の成立そのものには必要ではない。バンデューラは，通常子どもが行わないような攻撃行動（４種）を，おとなが人形に対して行うという映像を幼児に見せた[3)]。その際，モデルが他者からほめられるモデル強化群，モデルが他者から叱られるモデル罰群，ほめられも叱られもしない統制群を設けた。その後，自由遊びのときに子どもが４種の攻撃行動をどれくらいみせるかを測った（**図４－２**）。モデル罰群の子どもは，他の群に比べて，モデルの模倣をすることは少なかった（図４－２，誘因なし条件）。しかし，その後，モデルの行動のまねができたらほうびを与えることとし，その攻撃行動ができるかどうかを見たところ，すべての群で，攻撃行動が見られた（図４－２，正の誘因呈示条件）。つまり，「見るだけ」で学習は成立するのである。

観察学習は，以下の４つの過程からなると考えられる[4)]。

①注意過程：当該の行動をとっている他者に注意を向ける，

②保持過程：観察したことを記憶にとどめておく，

③産出過程：記憶された行動を実際に自分の行動として再生する，

④動機づけ過程：①～③で習得できた行動を，実際に遂行するかどうかを決

4

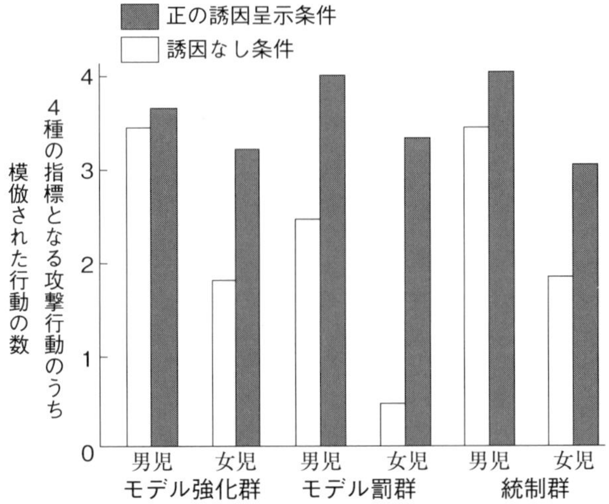

図4－2　攻撃行動の観察学習（Bandura, 1965）[3]（出典：工藤，2004）[5]

定する。

このうち，特に教育上大切なのは，④動機づけ過程である。ある行動に注目し，記憶し，同じことをやろうと思えばできる状態であっても，その行為はやっていいことなのか悪いことなのかを判断し，行動をコントロールするのが，この動機づけ過程であるからであり，道徳や価値観が関係してくる。テレビ番組や映画などで「暴力」を見て，身体的にその行為が可能だとしても，それを実際に他人に対して行うかどうかは，当人が「暴力」について，どのように考えているかによるのである。

観察学習の考え方では，他の人たちがいるところで，ある行動に対して，たとえば賞賛を与えたり叱責を与えたりすると，その当人だけではなくそれを見ているまわりの人も，その後その行動が増加したり減少したりするだろうことが予想される。大勢の中での強化や罰は，他の人への影響についても考える必要がある。特に気をつけなければならないのは，罰を与える場合である。

オペラント条件づけのところで，罰の副作用について述べた。観察学習の観点からも，罰を与えるのは慎重であるべきである。ある行動に対して罰を与えた時，それを見ている人は，当該の行動が望ましいものではなく，その行動をしないことを学習するとともに，「望ましくない行動をした時には，罰を与えればよい」「大勢の前で責めてもよい」ということをも学習する可能性がある。一般に，罰を与える側は，罰を与えられる側にとって権威であることが多いので，権威者が行うことは正当であるとも考えられやすい。つまり，「(自分にとって）望ましくない・気に入らない行動をした相手に罰を与えることは正当である」と考え，そのように行動することを，観察によって学習する危険性がある。こうした点からも，罰を与える時にはよく考えなければならないだろう。

3. 学習の理論

ここまで学習について，条件づけと観察学習についてみてきた。こうした学習の考え方，すなわち，学習を経験による永続的な行動の変容とする立場は，行動理論の考え方である。現在，学習については行動理論以外の考え方も出てきている。以下，概観する。

1)　行動理論

行動理論は，20世紀初めにワトソンによって提唱された。ワトソンは，科学としての心理学では，直接観察可能な行動だけを対象とすべきであると主張した。そして行動は，観察可能な刺激と反応の関係で記述される。こうした考え方を学習に適用すると，学習とは経験によって行動が変化することととらえられる。行動が変化するために必要なのは，反復と強化（フィードバック）であり，学習の目標は「～ができるようになること」となる。

行動理論によって，心理学は大きな発展を遂げたが，そうした流れの中で，より高次な心的活動についての関心が高まってきた。心的活動は，直接観察することは不可能であり，行動主義ではその説明に限界がある。そこで現れてきたのが，認知理論である。

2)　認知理論

1950年代後半から，コンピュータの発達と呼応するように認知理論がさかんになってきた。認知理論では，人間を一種の情報処理システムとみなし，行動理論がブラックボックスとしていた人間の内的な知的情報処理について扱おうとした。認知理論では，学習とは知識構造の変化であり，そこでは，既有知識の役割が強調される。そのため，学習者の知識状態や学習方略についても考える必要が出てくるのである。

3）　状況理論

さて，私たちの日常的な学習の場面を考えてみると，他者とのかかわりの中で行われていることがほとんどである。学校や保育所などの集団教育・保育の場はその代表であろうが，他にも，家庭や職場，地域社会など，他者とかかわり，影響を与え合いながら学んでいく場は多い。そして，そこで学ばれたものは，状況や文脈と密接に結びついたものである。

1980年代後期から，状況論的アプローチという流れが起こってきた。状況理論では，学習をはじめとする知的行動を，個人内での処理ととらえるのではなく，道具や他者とかかわる中で成立すると考える。学習者の能動的な知識獲得という面をふまえながら，そのプロセスは社会的な相互作用を通じて進行するということを重視する。このような考え方を**社会的構成主義**という。

以上，学習に対する３つの枠組みを，**表４－３**にまとめた。

表４－３　知的行動を研究する立場

	行動理論	認知理論	状況理論
学習とは	刺激・反応の連合	知識構造の構築	文化的実践への参加
キーワード	反復・強化／条件づけ	情報処理／表象	正統的周辺参加（LPP）
特徴的な方法論	統制された実験	情報処理モデル	民族誌学的観察・記述
背景となる学問	進化論／神経生理学	人工知能／情報科学	社会学／文化人類学

（市川，1995）[6]

4．学習の転移

私たちは日々，さまざまな経験をしながら多くのことを学び，その学んだことを活かしながら，生活している。しかしながら，過去とまったく同じ事態というのは，厳密には起こりえない。そうした中でも，私たちは，今直面している問題に対処できるのである。

一般に，先行する学習経験がその後の学習に影響を与えることを学習の転移という。もし，学習の転移が起こらないとすれば，私たちは，直接経験したことにしか対応できないことになる。しかし，実際にはそうではない。ある状況で学習し，知識を獲得したならば，それと関連した状況では，効率的な学習をし，あるいは，問題を解決することができる。なお，先行学習が後続学習を促進する場合を正の転移，先行学習が後続学習を妨害する場合を負の転移という。

(1)　何が転移するのか

教育についての考え方に，形式陶冶（とうや）と実質陶冶というものがある。**形式陶冶**とは，実生活に直接役立つことを目的としない知識や技能を学習することによって，ものを考えるための一般的な能力や態度を形成し，それが，(将来) 実生活に役立つことになるという考え方である。**実質陶冶**では，実生活で必要な知識や技能は，直接教育し学習されなければ役に立たないと考える。こうした考え方を学習の転移に当てはめれば，形式陶冶は，非常に広い範囲での転移を考え，実質陶冶は，狭い範囲での転移を考えているといえる。

ソーンダイク*とウッドワースは，先行学習と後続学習との間で，学習材料が似ているほど転移効果が大きいことを見いだした[7)]。この２つの学習間で，学習材料，方法，態度などがどれほど類似しているかによって転移効果が決まるという説を，同一要素説と呼ぶ。この立場に立てば，実質陶冶を支持することになる。

一方，ハーロウは，学習とは，特定の刺激と反応の結合ではなく，その学習事態に含まれている構造を学習することであることを示した[8)]。つまり，どのように学習すればよいかという学習の仕方，学び方を学習するのである。これを学習の構えと呼ぶが，ハーロウの実験からは，転移は学習の構えによって起こるといえる。これは，形式陶冶を重視する考え方であろう。

(2)　転移の過程

転移がどのようにして生じるのかを考える時，多くの側面についてみていく必要がある。ブルックスとダンスロウは，教授的転移の枠組み（**図４-３**）を提出した[9)]。この枠組みでは，学習者の特質と課題の特質とを分けて，転移を

＊ソーンダイク（Thorndike, E.L. 1874～1949）：アメリカの実験および教育心理学者。教育心理学の研究に大きく貢献した。

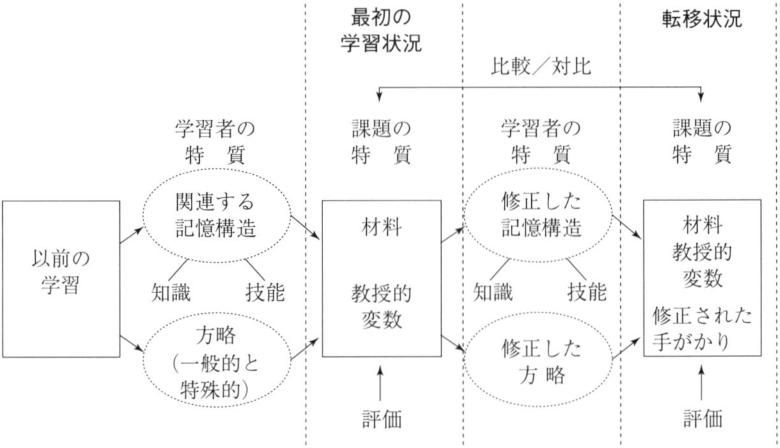

図 4－3　教授的転移の枠組み (Brooks & Dansereau, 1987)[9]（出典：天岩，2004)[10]

4

考えている。このうち学習者の特質は，課題内容と直接結びついた知識・技能（内容依存的）と，内容とは無関係なさまざまな課題に通じる一般的な知識・技能（内容独立的）とに分けられているが，２つの知識・技能をどう使うかは，これまでの経験がどう記憶されてきたかによるとされている。

⑶　転移は難しい

これまで，転移に関する多くの研究が行われてきたが，転移を起こすのは難しいということがわかっている。なぜ転移が難しいのかは，①今直面している問題に対して，以前のどの経験を使えばいいのかがわからない，あるいは，以前の経験を利用することに気づかない，②過去のどの経験を用いればいいかはわかっているが，現在の問題にどのようにして用いればいいのかがわからない，③過去の経験をうまく一般化できていない，といったことが考えられる。

転移の困難さについては，次節の「類推」（p. 103）で，あらためて考えることとする。

3　学びの基礎にあるもの

1．記　憶

前節でみた学習とは，先に経験したことが，その後の活動に影響を与えることともいえる。とすれば，先に経験したことを覚えておき，必要な時に取り出すこと，つまり，記憶として定着させておくことが必須である。

記憶は，覚えること（記銘あるいは符号化），覚えていること（保持あるいは貯蔵），思い出すこと（想起あるいは検索）の過程からなる。ただ，記憶は単なる入力情報のコピーではなく，**スキーマ**を心的枠組みとして新しい情報を取り込み，再構成するプロセスを含むものであるといわれている[11)]。

(1)　記憶の情報処理モデル

記憶の研究の始まりは，19世紀末のエビングハウス[12)]にまでさかのぼることができるが，1960年代になると，人間を情報処理体とみる情報処理理論に基づいた研究がさかんに行われ，いくつものモデルが提案された。

1)　二重貯蔵モデル

アトキンソンとシフリンは，**短期記憶**と**長期記憶**とからなる**二重貯蔵モデル**を考案した[13)]。このモデルでは，入力された情報は，まず**感覚記憶**として感覚登録器にごく短時間，ほぼ「生」の形で保持される。

感覚登録器に入力された情報のうち，注意を向けられたものだけが，次の短期貯蔵庫に送られる。短期貯蔵庫に入った情報は，短期記憶と呼ばれる。その名の示すとおり，保持時間は短時間である。また，短期貯蔵庫は容量に限界があり，ミラーによると，7±2チャンクである[14)]。このチャンクとは，何らかのまとまりをもつ情報のかたまりのことである。たとえば，数字の列で「4187」を「ヨン，イチ，ハチ，ナナ」と読めば4チャンク，「ヨイハナ（良い花）」と読めば1チャンクである。短期貯蔵庫内の情報は，音声的コードに符号化されており，視覚的に呈示されたものでも，直後系列再生時のエラーは，視覚的混同よりは音韻的混同のほうが多い[15)]。また，短期貯蔵庫は，情報の流れを意識的に制御できる唯一の記憶とされている。短期貯蔵庫の保持時間は短時間であり，容量に限界があるということは，放っておけばどんどん忘れてしまうということである。忘れないためには，覚えておくべき情報を復唱する（「ヨン，イチ，ハチ，ナナ，ヨン，イチ，ハチ，ナナ，……」）というリハーサルが必要である。リハーサルを行うことによって，情報は短期貯蔵庫に長く保持され，その結果，長期貯蔵庫へと転送される。

長期貯蔵庫へ転送された情報は，長期記憶として，ほぼ永久に保持される。また，容量に限界はなく，一度長期貯蔵庫に入った情報は，忘却されることはないと考えられている。

長期記憶は，その内容によって大きく宣言的記憶と手続記憶とに分けられる。宣言的記憶とは，言葉によって表現することができる事実に関する記憶であり，手続記憶とは，手続きに関する記憶で，必ずしも言語化できるとは限らない。たとえば，自転車の乗り方，筆算の仕方などが該当する。宣言的記憶は，さらに意味記憶とエピソード記憶とに分けられる。意味記憶は，いわゆる一般的知識，たとえば「イルカは哺乳類である」「円の面積はπr^2で求められる」のようなものであり，エピソード記憶は，特定の時間・空間と結びついたできごとに関する記憶，たとえば，昨夜の夕食のメニューや小学校入学式の思い出などである。

2）　作動記憶

二重貯蔵モデルでは，短期記憶と長期記憶という２つの記憶システムがあり，異なった情報を別の場所に貯蔵すると考えられている。しかし，その後の研究で，短期記憶にはいくつかの問題点があることが明らかになってきた。まず，短期記憶は音声的コードだけを想定していたが，それ以外のコード，たとえば視空間的コードの存在が示されたことである。確かに，私たちは言語化（音声化）できないドットパターンのようなものも，記憶できる。また，短期貯蔵庫内に長時間留まるほどその後の再生率がよいと考えられていたが，そうではないことが示され[16)]，リハーサルについて再考の必要が出てきた。さらに，最も重要なのは，短期記憶には処理的観点が欠如していることである。私たちの高次認知活動，たとえば，言語理解や暗算を考えてみると，実際には，情報の処理とその結果の保持とが並列的に同時進行している。しかしながら，短期記憶には保持機能しかもたされていない。

こうした短期記憶の問題点をふまえ，短期記憶を発展させたものが作動記憶（作業記憶とも）である。その代表的なのはバドリーのモデルである（**図４－４**）。作動記憶では，処理資源という概念を取り入れている。これは，情報の処理をするために必要ないわばエネルギー源のことであり，配分して使用することができる。ただし，一度に配分できる資源の量には限りがあり，同時に行う処理の効率や速さに影響を与え，トレードオフの関係になる。携帯電話をかけながらの運転が危険なのは，片手運転になるからだけではなく，本来すべて運転に向けられていなければならない処理資源が通話のほうにも分配され，結果，運転のための資源が少なくなり，とっさの判断などに影響を及ぼすからである。短期記憶のコードの問題については，音声的コードに基づいた言語的情報を一時保持する音韻ループ（これがほぼ短期記憶に当たる），視覚イメージを含む視空間的コードに基づく情報を保持する視覚・空間的スケッチパッドの２つのシステムを想定することで解決しようとしている。エピソード・バッファーは，この２種類の情報を統合した情報を保持し，長期記憶との調整役も兼ねる。この３つのサブシステムの働きを管理し，作動記憶内での情報の流れを制御するのが，中央実行系である。中央実行系は，こうした制御の他に，高次認知活動に必要な処理の実行，その結果の一時的保持の機能ももつものであ

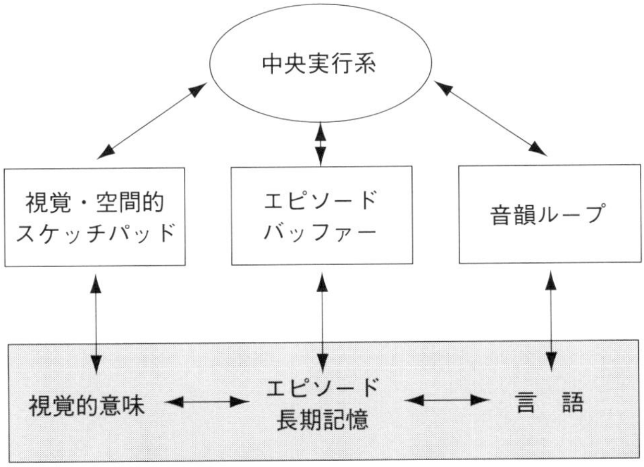

図４－４　バドリーの作動記憶モデル（Baddeley, 2000）[17]（出典：苧阪，2002）[18]

る。

3)　処理水準モデル

クレイクとロックハートは，人間の知覚過程はいくつかの水準の処理過程からなるというという見解に基づき，処理水準という概念を導入した[19]。さらに，記憶痕跡の強さは，処理水準の深さの関数である，すなわち，深い水準の処理が行われた情報は，強い記憶痕跡を残し，結果忘れにくいと仮定した。クレイクとタルビングは，単語を１つずつ短時間呈示し，その単語について質問をすることで処理水準を操作し，実験参加者には，その質問に「Yes／No」で答えることを求めた[20]。そして，すべての単語が呈示された後で，（実験参加者は予期しなかった）再認テストを行ったところ，処理が深いものほど再認率がよかったのである（**表４－４**）。

表４－４

処理水準	質　問	YES 反応	再認率
形態的	Is the word in capital letters?	TABLE	0.18
音韻的	Dose the word rhyme with WEIGHT?	crate	0.78
カテゴリー（意味的）	Is the word a type of fish?	SHARK	0.93
文（意味的）	Would the word fit the sentence: “He met a______in the street?”	friend	0.96

２種類のリハーサル

クレイクとワトキンスは，単語を１語ずつ呈示し，あるリストが呈示され終わった後に，特定の文字で始まる単語のうち，最後に出てきたものを報告するよう，実験参加者に求めた。そして，すべてのリストを呈示し終わった後に，呈示されたすべての単語をできるだけたくさん思い出すというテストを行った[16]。その結果，最後の自由再生テストの結果は，リハーサルの時間とは関係ないということがわかった。つまり，浅い水準のリハーサルをどれほど繰り返しても，記憶痕跡は強くならないのである。ここから，単なる繰り返しである維持リハーサルだけではなく，たとえば意味を考えたり，知識と関連づけたりする精緻化リハーサルが重要であるとされた。

⑵　符号化と検索

1）　符号化

情報を入力する時の仕方によって，記憶の定着に差があることがわかっている。

①**分散効果**：ある記銘材料を覚えるのに，同じ時間をかけた場合，分散学習のほうが集中学習よりも記憶成績がよい。

②**画像優位効果**：語よりも絵のほうが記憶成績がよい。

③**記銘の意図**：特に再生では，意図記憶のほうが偶発記憶よりも記憶成績がよい。

④**テスト予期**：テストを予想して行った処理と実際のテストの内容が一致しているほうが，一致していない場合よりも記憶成績がよい。

⑤**精緻化**：精緻化とは，記銘語に情報を付加することである。どのような情報を付け加えるかによって，記憶成績に差が出る。

ｉ）情報量の効果：符号化される情報の量が多いほど成績がよい。

ⅱ）情報の質の効果：記銘語に対する意味的限定性が強いほど成績がよい。

ⅲ）情報の自己生成効果：付加する情報を，実験参加者自身が生成したほうが，情報を与えられた場合よりも成績がよい。

ⅳ）情報の自己選択効果：情報を生成しなくとも，呈示された情報から自ら選んだだけでも記憶成績がよくなる。

ｖ）自己準拠効果：呈示された情報を自己に関連づけることによって記憶は促進される。

2）　検　索

せっかく覚えた情報も，必要なときに必要なものを思い出すことができなければ，意味がない。残念ながら私たちは，しょっちゅう「忘れる」という経験をする。この忘却とはどのように説明されるだろうか。

①**減衰説**：以前のことが，時間の経過とともに自然に薄れていき思い出せなくなる。

②**干渉説**：記憶痕跡どうしがお互いに干渉し合い，思い出せなくなる。順向抑制と逆向抑制とがある。

③**検索失敗説**：情報は貯蔵されているのに，アクセスに失敗したことにより思い出せない。これは，検索する際の手がかりが適切・効果的なものではなかったからと考えられる。

以上のうち，減衰説と干渉説は，保持段階での失敗，検索失敗説は想起段階での失敗ととらえられる。他に，記銘段階での失敗，すなわち，十分に覚えなかったということもある。

3）　検索と手がかり

思い出す，すなわち検索の際には，有効な手がかりが必要である。一度検索に失敗したものでも，他の適切な手がかりで思い出せることはよくある。インターネット上の情報を，キーワードを用いて検索した経験のある人は多いであろう。たまに，「一致するものはありません」と返ってくることがあるが，そのような場合，キーワードを別のものにすると，今度は多くの情報が得られる。思い出すための手がかりとは，このキーワードのようなものである。

文脈が有効な検索手がかりとなるという考え方がある。文脈効果という。ここでいう文脈とは，時間的・空間的・意味的に，記銘語を取り囲んでいるもののことをさす。先にみた処理水準や精緻化は，意味的な文脈と関係しているといえよう。

物理的な外的環境が，想起に影響を及ぼすこともある。つまり，記銘の時と再生の時とが同じ環境だと，よりよい記憶成績となる。水の中で覚えたものは，水の中で思い出しやすい。これを文脈依存効果という。また，人の内部状態，たとえば体調やムードなどの情緒面が，記銘と想起とで同じであれば，記憶成績はよくなる。悲しい気持ちの時に覚えたものは，悲しい気持ちの時に思い出しやすい。これを状態依存効果という。

以上のことをうまく用いれば，よりよい記憶ができるであろう。集中して一気に覚えるよりも，少しの空き時間などを見つけて，ちょこちょこと覚える。その際には，場所や時間を変えてみる。たとえば，朝の通学電車の中，学校の教室，夕食前の自宅の居間，入浴後にベッドの上，などである。また，覚える時には，その覚えるものを具体的にイメージするとよいだろう。また，意味を考え，他のものと関連づけ，身近な例に引きつけてみる。語呂合わせを自分で作ってみる。さらに，どのような形で思い出すことになるのかを考え，それに見合った覚え方をしていく。要するに，検索の際の手がかりを，質的にも量的にも豊かなものにしておくことである。こうしたことを繰り返していくうちに，自分に合った覚え方，課題に合った覚え方がわかってきて，さまざまな覚え方を状況に応じて使えるようになってくるだろう。こうしたことを，記憶方略という。

(3)　記憶の発達

私たちは，あまりにも幼いころのことは覚えていない。多くの人の場合，思い出せるのは３歳ごろからといわれている。これは，言語に代表される象徴機能が未発達であり，経験を言葉に置き換えて記憶にとどめることができないにもかかわらず，思い出そうとする時には言語を使おうとするためと考えられる。あるいは，先に述べた文脈効果もあるかもしれない。

1)　符号化移行仮説

一般に，発達とともに記憶成績はよくなる。これは，発達による符号化の違いとも関係している。小学校低学年から高学年にかけて，符号化される情報の質が，発音から意味へと変化するが，これを**符号化移行仮説**という。

作業記憶における符号化も，発達によって変化する。５歳以前の子どもは，視覚的に呈示されたものは視覚的に，聴覚的に呈示されたものは音声的に符号化しているが，より年長になると，視覚的に呈示されたものも音声的に符号化するようになる。これは，就学期を迎え，情報の学習や保持で，言語的方略を用いることが多くなることと無関係ではないだろう。

2)　エピソード記憶

エピソード記憶に関しては，３歳ごろから時間的順序や因果関係に基づいて再生できるようになる。また，目撃記憶では，６歳児でもかなり正確であることがわかっている。より幼い子どものほうが，誤りへの誘導には引っかかりやすいが，重要な点での“捏造（ねつぞう）”はないことも示されている。こうした研究の背景には，児童虐待がある。私たちは，子どものことばを，「子どもの言うことだから」と軽くみたり信じなかったりすることはないだろうか。確かに，認知的制約により，子どもは「真実・実際とは異なる」ことを言うことがある。しかしながら，子どもの訴えに真摯（しんし）に耳を傾けることが，まずは必要であろう。

3)　乳幼児期の子どもの記憶の特徴

馴化（じゅんか）**―脱馴化**の手続きやオペラント条件づけの方法を用いると，生後間もないころから，「記憶」の働きがあることがみてとれる。はじめは感覚運動的な行為から始まり，言葉の発達とともに，言語的な情報が記憶されていくのだろう。

強い要求や感情を伴う体験はよく記憶される。また，興味を引くものも，よく記憶される。実際に自分の目で見た具体的なものも覚えやすい。また，丸暗記が得意であるが，覚えた情報が組織化されているとは言い難い。長じるにつれ，さまざまな知識を身に付け，その知識と関連させながら覚えていくことができるようになる。

2. 思　考

思考とは，まさに「考える」ことである。私たちが生きて，毎日生活していくために欠かすことのできないものである。また，記憶や言語，知覚など，認知システム全体の働きに支えられている。

1)　人間の思考の特徴

私たちの思考には，いくつかの特徴がある。まず，必ずしも論理的に考えているわけではないので，しばしば間違いを犯す。そしてその間違いには，一定の傾向（バイアス）があることがわかっている。また，私たちは，アルゴリズムではなくヒューリスティクスを用いている。ヒューリスティクスとは，必ず正解に至るとは証明されていないが，多くの場合，正解が得られることが経験的にわかっているような方法である。ヒューリスティクスは，簡便で実用的であり，実生活での時間や記憶，得られる情報などの制約の中で，限られた最善のものを探すのに都合がよい。また，囲い込み（推論範囲の限定）が得意である。日常生活に支障をきたさないように，当面必要な，そして本質的なことがらだけを考えるのである。最後に，不完全な情報をもとに推論し，とりあえずの結論を出すことができる。もし，後に情報が追加されたならば，またその時に改めて結論を出す（場合によっては翻す）のである。

以下,「４枚カード問題」と「類推」を取り上げ，私たちの思考のしくみの一端をみてみよう。

2)　４枚カード問題

図４－５に示したような問題は，**４枚カード問題**[21)]と呼ばれる。

ここに，一組のカードがある。このカードの片方の面には数字が，もう片方の面にはアルファベットが書いてある。この中から，４枚のカードを取り出し，片面だけが見えるように並べたところ，以下のようになった。

E	K	4	7

さて，これら４枚のカードについて，
「もし，カードの片方の面に書かれている文字が母音ならば，もう一方の面には偶数が書かれている」という規則が成り立っているかどうかを，できるだけ少ない数のカードをめくることによって確かめるならば，どのカードを選ぶか？

図４－５　４枚カード問題

これは，なかなかの難問であり，正答できる人は非常に少ない（正答率は10%程度）[22)]。正解は，「E」と「７」のカードなのだが，多くの実験参加者は「E」と「４」を選び，次に多いのが「E」のみであり，「７」を選ぶ人はほとんどいなかった。このような結果は，確証バイアスで説明できる。確証バイアスとは，私たちは，仮説の反証よりも，確証を求めようとするバイアスのことである。４枚カード問題では，規則を支持する証拠を得ようと，「E」と「４」をめくるのである。

ところが，構造は４枚カード問題と同じままで，材料を具体的・現実的なものにしたり，多くの人が経験しているようなことがらにしたりすると，正答率が大幅に向上するということもわかっている。このことから，形式が同じ問題であっても，その内容によって，私たちの思考は変化するといえよう。

3)　類　推

類推とは，以前経験したことを，今直面している問題に当てはめることである。未知の目標領域に，既知の基底領域の知識を転移することである。この働きによって，私たちは，新しい問題に取り組むことができる。一方で，前節でふれたように，一般に類推は難しいといわれている。次に示すのは，デュンカーの考えた「放射線問題」[23)]と，ジックとホリオークの「要塞問題」[24)]である（引用は，高野，1994[25]より）。

「放射線問題」

あなたは医者で，胃に悪性腫瘍（しゅよう）がある患者を担当していると仮定しよう。腫瘍を破壊しないと患者は死んでしまうが，手術は不可能である。腫瘍を破壊できる強い放射線は存在するが，腫瘍とともに健康な組織までも破壊してしまう。弱くすれば健康な組織を傷めないかわりに腫瘍も破壊できない。正常な組織を傷めずに腫瘍を破壊するにはどうすればよいだろう。

「要塞問題」

ある将軍が要塞を攻略したいと考えている。たくさんの道がその要塞から放射状にでているが，どの道にも地雷が敷設してあり，小部隊なら安全に通過できるが，大部隊が通過しようとすると爆発する。しかし，要塞を攻略するには，一度に全軍で攻撃をかける必要がある．どうすればよいか。

ジックとホリオークは，目標，すなわち解決すべき問題を放射線問題とし，基底，すなわち類推を働かせるもとになる知識を要塞問題とした[24]。放射線問題だけを解いた人の正答率は10%，先に要塞問題とその解答を読み，それから放射線問題を解いた人の正答率は30%，要塞問題とその解答を読み，「これをヒントに放射線問題を解いてください」と言われた人の正答率は75%であった。つまり，類推は，思考の手助けにはなるが，適切に働かせることは難しいといえる。なお，２つの問題の正解は，「収束解」と呼ばれる「全体を小さい部分に分け，中心で集める」というものとされている。

類推が難しいのは，適切な基底を見つけるのが難しいためと考えられている。現実の生活の中で，まず，適切な基底があるかどうかが不明である。もしあるとしても，その候補は，その人がこれまで経験し，身につけてきたことのすべて，いってみれば人生まるごとなのである。これは，ジックとホリオークの実験参加者にしても同様である。

適切な基底を見つけるためには，何らかの形で基底と目標とが似ていることに気づかなければならない。目標と基底との類似性が高くなると，類推は働きやすいことがわかっている。この類似性には２種類ある。表層的類似性と構造的類似性である。前者は，目標と基底に含まれている具体的な内容の類似性である。後者は，２つの問題を構成する抽象的な関係の類似性である。当然ながら，類推に役立つのは構造的類似性である。しかし，今直面している問題に対して，使えそうな知識（基底）を探す時には，表層的類似性も有効である。

要塞問題と放射線問題は，表面上あまり似ているとはいえない。要塞問題を読み，解こうとした時に呼び出される知識は，要塞攻略に役立ちそうな知識，たとえば，軍隊，戦略，兵器，土木などの知識であろう。一方で，放射線問題を解こうとした時に呼び出される知識は，がん治療に関連した知識，たとえば，医学，生物学，放射線であろう。このように，２つの問題では，想起された知識がまったく異なり，その奥に潜んでいる問題の構造を対比するところまでいけなかったのだといえよう（これを，知識の**領域固有性**と呼ぶ）。

4）　メタ認知

最後に，**メタ認知**について簡単に述べる。メタ認知とは，認知活動そのものを認知の対象とすることである。メタ認知は，知識と制御の２つの面がある。知識的側面とは，自分あるいは他者に関する知識，課題に関する知識，方略に関する知識であり，制御的側面とは，認知過程や状態のモニタリング，コントロール，調整などを実際に行うことである。

思考において，メタ認知が重要な役割を果たしていることは，多くの研究の示すところである。たとえば，問題解決の際には，認知能力の低さをメタ認知能力で補えること，意思決定では，メタ認知的知識の豊富さと意思決定のよさとの間に関連があること，言語理解・産出の際にもメタ認知が活発に行われていること，などである。

メタ認知が十分に発揮されるのは，子どもがかなり成長してからである。しかし，その基礎は幼児期から徐々に形成されていく。

4　子どもの学びを育む

1．動機づけ

子どもが意欲的にものごとに取り組み，主体的にいきいきと活動する―多くのおとなが望むことであろう。また，おとなたちは，子どもにやる気を出させようと，いろいろと策を練る。意欲ややる気が重視されるのは，それの有無，あるいは質によって，行動が大きく変わるからである。心理学では，意欲ややる気のことを動機づけと呼んでいる。

(1)　動機づけとは何か

一般的に，**動機づけ**とは，ある行動を引き起こし，その行動を維持し，一定の方向に導く過程であると定義される。意欲には，量的側面と質的側面がある。質的側面とは，「何のために」という目的とかかわり，目的が異なれば，その行動や学びの質も異なってくる。

期待と価値

人の意欲には，期待と価値とが関係している。アトキンソンは，達成場面での動機づけを，次のような式で表した[26)]。

達成場面での動機づけ＝（成功願望ー失敗恐怖）×成功可能性×目標の価値

「成功願望」と「失敗恐怖」は，パーソナリティ特性であり，「成功願望―失敗恐怖」の値が正であれば接近の動機づけが，負であれば回避の動機づけが生じる。そしてその大きさは，「成功可能性×目標の価値」によって決まる。「成功可能性」とは，成功するか失敗するかに関する見積もり，主観的な成功確率であり，課題の困難さから判断される。「目標の価値」とは，その活動自体，あるいは成功することに当人がどれほど価値を感じるかである。なお，期待と価値とは相補的な関係にあり，課題が中程度の難しさの時に，最も動機づけが高まると考えられる。

(2)　期　待

1)　学習性無力感

(1)で，動機づけの大きさには，成功に関する見積もり，すなわち，期待がかかわっていることをみた。では，まったく期待がもてない場合はどうなるであろうか？

セリグマンとマイヤーは，次のような実験を行った[27]。まず，イヌを縛りつけ，予告なく電気ショックを与えた。この時，イヌは３つのグループに分けられた。パネルを鼻で押すと電気ショックを止めることのできる「逃避可能群」と，パネルを押しても電気ショックから逃げることができない「逃避不可能群」，さらに，こうした訓練を行わない「統制群」である。次に，柵を境にして２つの部屋に分けられている実験箱にイヌを入れ，再び電気ショックを与える。今度は，電気ショックの前に，明かりを暗くするという信号があり，その信号を見て柵を越えれば，電気ショックを受けることはない。結果は，逃避可能群と統制群のイヌは，信号が与えられると速やかに隣の部屋に移り，電気ショックを受けることはなかったが，逃避不可能群のイヌは，信号を見ても逃げようとはせず，ひたすら電気ショックに耐えていたというものである。

逃避不可能群のイヌは，先行経験（パネルを押しても電気ショックから逃げられない）から，自分がいくら行動しても望む結果は得られない，自分の行動がその事態をコントロールできないということを学習し，逃げることができる状況になっても逃げようとしなかったものと考えられる。つまり，「どうせ何をやっても無駄だ」という諦め，無力感を学習したのである。この状態を，学習性無力感という。一方で，逃避可能群のイヌには，自分の行動に依存して結果が生じるという随伴性認知が成立している。

いくら努力してもよい結果が得られないということが繰り返されると，私たちはやる気を失ってしまう。また，学習性無力感は，不快な経験にだけ生じるのではなく，自分の行動と無関係に報酬を与えられるような場合でも，やはり無気力になることがわかっている[28]。重要なのは，自分の行動に結果が随伴しているという認知なのである。

さて，セリグマンは，さらに研究を進め，人間を対象とした研究により，その事態をコントロールできないという認知だけでは，必ずしも学習性無力感の状態にはならないということを示した。そして，どのような場合に学習性無力感に陥るかについて，原因帰属の考え方を導入した。ここで原因は，３次元，すなわち，内的—外的要因，安定的—変動的要因，全体的—特殊的要因で考えられている。そして，内的要因，安定的要因，全体的要因に帰するほど，学習性無力感が生じやすいとしている。

2）　自己効力

バンデューラは，期待を2つに分けている[29]。結果期待と効力期待である（**図4－6**）。結果期待とは，ある行動をすることによって，このような結果が得られるであろうという期待であり，効力期待とは，ある行動をこれくらいはできるであろうという期待である。たとえ結果期待があったとしても，効力期待がなければ，行動そのものが起こらない。そうした意味で，効力期待は重要である。

知覚された効力期待のことを自己効力と呼ぶ。自己効力とは，自分はある行動をうまくやり遂げることができるという信念，自信であるともいえる。

やる気がないように見える（行動を起こさない）子どもに対しては，2つの期待のうちどちらが欠けているかによって，とるべき対応が異なってくるだろう。

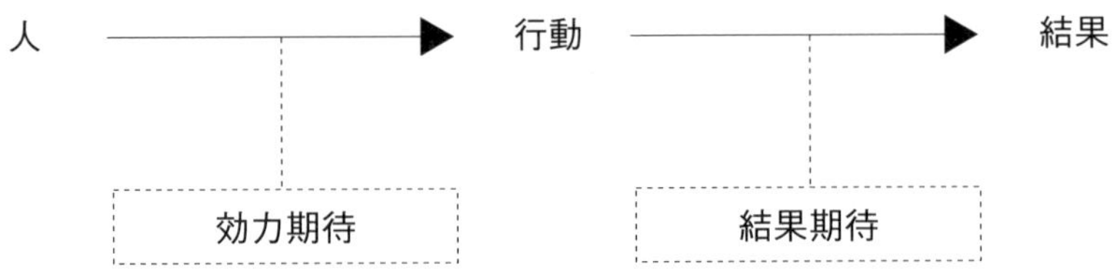

図4－6　効力期待と結果期待の相違（Bandura, 1977）[29]（出典：桜井，1990）[30]

⑶　価　値

動機づけには，期待の他に価値も関係している。価値とは，人がある行動する際の，何を目指しているのか，どういう理由からなのか，その人が何を大切だと考えているのかといったことである。人がある行動をする理由，必然性が何に起因しているのかという観点から，意欲は大きく3つに分けることができる[31)32]。状況必然的な意欲，内容必然的な意欲，自己必然的な意欲である。

1）　状況とのかかわりで生じる意欲

本人のまわりの状況に，行動の理由がある場合がある。「状況が要求するので」何かを行うという場合である。状況とは，生活の場や人間関係，社会的・文化的条件などであり，状況の違いによってこの意欲は，さらに2つに分けられる。

１つめは，人間関係を源泉とする「人間関係型学習動機」である。たとえば，「サッカーで活躍すると親が喜ぶから練習をがんばる」「みんながんばっているから私もがんばろう」などという場合である。

２つめは，社会的・制度的な条件を源泉とする「条件型学習動機」である。たとえば，「テストでよい点が取れればお小遣いをもらえるから試験勉強をがんばる」「留年しないためにレポートを必死で書く」などの場合である。いずれも，外的な報酬を得るため，あるいは罰を避けるためにある行動をしている。このような意欲は，従来「外発的動機づけ」と呼ばれてきた。外発的動機づけとは，ある目的のための手段として行動することである。外発的に動機づけられている場合，その目的と手段的行為との間には内容的な関連はない。先の前者の例では，お小遣いが目的であり，試験勉強が手段的行為であるが，この２つを関係づけているのは，「親との約束」，つまり，社会的に定められた条件である。一般に，外発的動機づけによる行動の場合，目的を達してしまう（「お小遣いを手に入れる」）と，その行動は止まることになる（「もう勉強しない」）。

2)　内容とのかかわりで生じる意欲

内容や行動そのものに興味があって，行動する場合がある。「～をしたくてする」という場合であり，この「～」に当たるところが，意欲の源泉となる。たとえば，「数学がおもしろくて仕方がないから数学を勉強する」「もっと上手になりたいからサッカーの練習をする」などである。

このような意欲は，従来「内発的動機づけ」と呼ばれてきた。内発的動機づけは，外発的動機づけと対になる概念であるが，ある行動が自己目的的に生じるものである。価値は，行為自体に内在している。あるいは，少なくとも目的と手段的行為との間には，内容的な関連がある。

内発的動機づけによる行動には，２つの特徴がある。自ら進んで行うという自律性と，より深く，より高くを求める熟達志向性である。したがって，外発的に動機づけられている場合と異なり，「ここで終わり」がない。「もっともっと」と，より価値の高いものへと，目的が移っていく。また，内発的に動機づけられた行動をしている時，私たちはしばしば，フローという心理状態を経験する。フロー＊とは，その活動に没頭，熱中しているという状態で，時間がたつのも忘れ，疲れも感じず，ただひたすらに意識がその活動に集中しているような経験である。こうしたフロー経験を通じて，私たちの意欲はより深められていくという。

3）自己概念とのかかわりで生じる意欲

自分の自己像へのこだわりが，意欲の源泉になる場合がある。「肯定的な自己概念の獲得のために」何かを行うのである。たとえば，「数学が得意だとみんなに思われたいので，数学の勉強をする」「コーチに下手だと思われたくないので，サッカーの練習をする」などである。肯定的な自己像を示すのは，他者に対してだけではない。自分自身に対してでもある。たとえば，「数学では一番の私」を維持するために，数学を勉強するのである。

自尊心を高めたり，維持したりすることを目的としている場合，パフォーマンス目標をもつという。一方，能力を伸ばすことが目的となっている場合は，ラーニング目標と呼ばれ，過程を重視し，結果は努力によって得られると考えられている。人がどちらの目標をもつかによって，「努力」の意味が変わってくる。パフォーマンス目標をもっている場合，能力の有無が問題となるので，努力しないで成功することが最も望ましく，努力して失敗することは，最も避けたい事態である。したがって，自信のない課題に対しては，努力しないことを選択する。もし失敗したとしても，言い訳ができる。ラーニング目標をもっている場合は，努力すれば能力が身につくと考えているので，自信がない場合でも，あるいは自信がないからこそ，いっそう努力する。

4）意欲と自尊心

私たちにとって自尊心は，大切なものである。時には，自尊心を守るために，わざと自分に不利な状況をつくり出すこともある（これを，セルフ・ハンディキャッピングという）。

何かに失敗した時，その原因をどこに帰属するかが，その後の行動に影響を与えることは，既にみたとおりである。失敗を努力に帰属した場合，「今回は，努力しなかったからうまくいかなかった。次はがんばろう」となり，実際に次

＊フロー（flow）：活動に没入する。心理学者のミハイ・チクセントミハイによって提唱された概念。

は努力して，成功するならばよいだろう。しかし，もし努力して失敗した場合は，恥や無能感を感じ，自尊心に大きなダメージを受ける。努力しないで失敗すれば，罰は受けるかもしれないが，自尊心は傷つかない。それならば，自尊心を守るためには，努力しないほうが得策である。「努力しなかったから失敗した」と言いながら，努力しないことを選び続けることになる。失敗の原因を努力に帰属すると，こうしたことも起こる可能性がある。

こうしたことは，「能力」をどうとらえるかと関係するものと思われる。能力を，固定的で不変なものとして考えると，上でみたような問題が起きやすい。パフォーマンス目標をもつ場合も同様であろう。ラーニング目標のところで述べたように，能力は努力によって変わっていく，自分でつくりあげていくものであるという意識をもつことが，必要であろう。

4

(4)　報酬の影響

1)　アンダーマイニング現象

ある活動に内発的に動機づけられている状態で，外的な報酬を与えると，内発的な動機づけが低下することを**アンダーマイニング現象**という。レッパーらは，幼稚園児に「絵を描いたらごほうびをあげる」と告げて絵を描かせると，その後，その子どもたちは自由時間に絵を描くことが減ったということを報告している[33)]。また，ディシの大学生を対象にした実験でも，同様の結果が出ている[34)]。この他，外的報酬を予告するだけでも内発的動機づけは低下すること，外的評価の予告によっても同じ現象が見られることも示されている。

外的な報酬によって内発的動機づけが低下するのは，活動の意味づけが認知的に変化するためだと考えられている。もともとは，活動，たとえば「絵を描く」ということそれ自体が目的であったところに，外から報酬が与えられると，ごほうびをもらうために絵を描くというように，活動に対する認識が変わってしまうのである。そして，いったん目的（ごほうびをもらうこと）が達成されると，手段としての活動（絵を描くこと）は魅力がなくなり，しなくなってしまうのである。

2)　報酬の機能

上でみたように，報酬を与える時には注意が必要である。ここでいう報酬とは，金品のことだけではない。ほめることも報酬である。

報酬には，２つの機能がある。人の行動を評価する情報として働く情報的機能と，人の行動をコントロールするように働く制御的機能である。外的報酬の情報的側面が強く認知されると有能感が上がり，内発的動機づけは高まるが，制御的側面が強く認知されると自己決定感が低下し，内発的動機づけは低下する。一般に，金銭的報酬は内発的動機づけを低下させるが，報酬を与える側が，その報酬によって相手を制御する意思はないことを伝えた場合は，その限りではない。また，言語的報酬は内発的動機づけを高めるが，極端な言語的報酬の使用は，特に女子の内発的動機づけを低下させることがある。

また，ほめる場合は，そのほめ方によってその後の行動が変わってくることがある。ミューラーとドゥベックは，小学校５年生に算数の問題を解かせ，その成績がよかったことをほめた。その際，能力をほめるグループ（「とても賢いのね」）と努力をほめるグループ（「よくがんばったのね」），何も付け加えない統制群に分けたところ，能力をほめられた子どもたちは，他の子どもたちと比べて，「課題がおもしろい」「もっとやりたい」という質問への得点が低かった[35)]。また，失敗をはさむと，失敗前よりも失敗後のほうが，課題の成績が悪くなった。努力をほめられたグループでは，失敗後の成績がよくなったことと対照的である。

繰り返しになるが，報酬を与える時には，内発的動機づけを損なうことがないよう，留意しなければならない。ただ，まったく興味などがなく，自分から進んでやらないような行動をさせたい場合には，外的報酬は効果的である。報酬めあてに，とりあえず行動を起こすであろう。はじめは，外的報酬を得るための手段だった行動だったとしても，それを繰り返すうちに，やがて，その行動自体に興味をもち，それをすること自体が目的となり，報酬がなくてもやり続けるようになることがある。これを機能的自律性[36)]という。

(5)　意欲を育むために

1)　内発的動機づけの変化

ハーターは，学業に関する内発的―外発的方向づけ尺度を作成した[37)]。このうち，動機づけに直接関連するのは，①挑戦尺度：困難な課題に挑戦しようとする傾向，②達成尺度：独力で課題を解決しようとする傾向，③知的好奇心尺度：拡散的好奇心によってさまざまな課題に接近し情報を収集しようとする傾向であり，３つとも学年が進むにつれて低下することが示された。ハーターのこの尺度をもとにした桜井・高野の調査でも，同じ３尺度が見いだされているが，日本の子どもにおいては，挑戦尺度・達成尺度は低下するが，知的好奇心尺度は低下しなかった（小学校２年生から中学校１年生が対象）[38]。なお，桜井の別の調査では，小学校３年生から中学校３年生にかけて，有能感，特に学習の領域と自己価値における有能感が低下していることを示しており[39]，内発的動機づけの低下と有能感の低下との関連がうかがえる。

2)　３つの実感

鹿毛は，それまでの研究をまとめ，意欲の発達を促す心理的体験を，以下の３つの実感としてまとめている[31]。

①**環境とかかわっているという実感**：効力感，すなわち環境と効果的にかかわり合う過程で生じる感覚が満たされると，学習意欲が発達する[40]。

②**成長しているという実感**：環境とかかわった結果として確かな「力」を身に付けたということが子どもに実感されることが重要である。

③**自律的であるという実感**：ド・シャームは，指し手感覚，すなわち，自分の運命を支配しているのは自分自身であると思っている心理状態（自分は操り人形であると感じている場合は，ポーン（コマ）と呼ぶ）が重要である[41]と述べ，また，ディシは，自己決定（自律性）の感覚が意欲を統合させると主張している[42]。

鹿毛は，この３つの実感を経験すること，学ぶ充実感を体験することの積み重ねによって，意欲がより確かなものになっていくという。

3)　意欲を育む教育

レッパーは，内発的動機づけには，統制，挑戦，好奇心，文脈化の４つの源泉があり，教育実践ではこれらを工夫することによって，内発的動機づけを育てることができるとし，その原則を**表４−５**のようにまとめている[43]。

表4－5　内発的動機づけを促進する教授活動を計画するための原理

（レッパー，1988）[43]

統制：活動を通じて子どもの統制感を促進せよ。
◇活動に対する外的な制約を最小限にせよ。
・もし，活動がもともと興味深いものであるなら，余分な外発的随伴性を避け外的なプレッシャーは最小限度にせよ。
◇外的な制約を徐々に減少させよ。
・もし，活動がもともと興味深いものでないなら，適切な外発的随伴性を用いそれらを徐々に撤回せよ。
◇外的な制約をあからさまにすることは避けよ。
・可能な限り，外的な制約を活動自身の中に埋め込め。

挑戦：チャレンジを感じるような活動を子どもに提供せよ。
◇達成できるかどうかわからないような目標を提供し，成果に応じたフィードバックを与えよ。
・子どもにとって難しさが中程度の目標を与えよ。
・達成レベルの個人差に対応するため，多種多様な目標を設定し，複数の難易度のレベルを用意せよ。

好奇心：子どもの好奇心を喚起せよ。
◇子どもの知識のうちで，一貫していない部分，不完全な部分，洗練されていない部分を強調せよ。
◇子どもがもともと興味をもっている分野，人物，問題を含んでいるような活動を利用せよ。

文脈化：活動の機能的側面を強調せよ。
◇活動を自然な文脈の中に位置づけよ。
◇機能的なシミュレーションや空想的な文脈を活用せよ。

（出典：鹿毛，1998）[32]

このうち，好奇心を活性化するためには，概念的葛藤を起こすことが有効であるといわれている。私たちは，自分がもっている既有の知識と相反するような，あるいは新しい情報が提供されると，そのズレが適度な場合には驚きや疑問を感じるが，このような現象が概念的葛藤と呼ばれている。

4)　おとなとのかかわり

内発的動機づけ傾向と親子関係，教師の指導性との関連をみた研究もある。まとめると，親子関係では，拒否的態度，不一致的タイプがマイナスに働くといえるようである。また，教師については，子どもの自律性を援助するようなリーダーシップが重要であるとされている。

2. 教師からの影響

子どもは，１日の中で長い時間を学校や保育所，幼稚園で過ごす。その中で，教師（保育士を含む）から受ける影響は，仲間からの影響と並んで，大変大きい。ここでは，教師からの影響についてみていく。

(1) 子どもを見る視点

教師は，子どもを認識し，理解しようとする時に，自分なりの認知の枠組みを用いる。この教師の認知の枠組みは，教師用 RCRT[44]で測ることができるが，(当然ながら) 教師によって異なる。子どもの見方が異なれば，子どもを評価する時の観点も異なってくる。ある教師からは高評価を受けた子どもが，別の教師からは低く評価されるということもあり得る。このことにより，クラス内での子どもの立場，地位が変わる可能性もあるだろう。

教師が子どもをどう見ているかということは，教師の一人ひとりの子どもに対する行動や感情に影響を与え，それが子どもに影響を及ぼす。近藤の調査の中のある教師は，２つの視点をもち，子どもが自分の心に引き起こす感情によって子どもを評価している。別の教師の視点は３つであり，子どもの行動の個人差を認識したものである。それぞれのクラスの子どもの，学校生活への満足度や教師・クラス・クラスメートへの適応感を見ると，前者のクラスの子どもは，教師との相性によって違いが現れたが，後者のクラスでは，教師と“ウマが合う”子どもも“合わない”子どもも，満足度，適応感とも高かった[45]。

前項で，「ほめる」ことについて述べたが，子どもをほめるためにも，さまざまな方面からの，多くの視点をもつことが必要であろう。たとえば，「朝顔の種」の絵を，画用紙いっぱいに描いた子どもと小さく描いた子ども。１つの視点しかもたなければ，片方の子をほめた場合，もう片方の子をほめることはできない。しかし，複数の視点をもつ，すなわち，多方面から見ることによって，両方の子どもをほめることができる。

(2) 教師期待効果

「児童生徒が，自分に対する教師の期待に即した学業成績や行動を示すこと」[46]を，教師期待効果という。一般には，**ピグマリオン効果**ということも多く，人が他者の行動に対して抱く期待が効果を生み出すことである。

ローゼンタールとヤコブソンは，新学期の最初に，「将来の知能増加を予測する検査」を行い，後日担任に「伸びる子」リストを渡した（その旨は告げる）。しかしながら，この試験は単なる知能テストであり，そのような予測は不可能である。また，教師に渡した「伸びる子」リストも，まったく無作為に選ばれたものであった。そして，約１年後。再度検査を行ったところ，「伸びる子」とされた子どものほうが，そうでない子どもよりも成績がよくなっていたのである[47]。これは，教師の期待の有無によるものだと考えられる。

何がこのような効果を生み出すのだろうか。その後の研究で，教師からの期待が高い子どもと低い子どもとでは，教室内での教師の接し方が違うことがわかっている。たとえば，子どもが正答した時の賞賛，誤答に対する叱責，質問の繰り返しやヒント，解答に対するフィードバックなどが，両者の間では異なっていたのである。おそらく，教師自身もそのような差をつけていることには気づいていないだろう。

さて，実現するのは，よい期待ばかりではない。悪い期待も実現する。つまり，もし教師がある子どもに対して，「この子の成績は，これからどんどん落ちていくだろう」という期待をもてば，そのとおりになるのである。なお，肯定的な期待が実現する場合をギャラティア効果，否定的な期待が実現する場合をゴレム効果という。

こうしたことは，上でみた教師の視点についても示唆を与える。教師は子どもを見る時に，なるべく肯定的な言葉を用いたほうがよいだろう。

(3)　リーダーシップ

リーダーシップには，２つの機能がある。学習活動を促進したり，規則を守らせようとしたりする目標達成機能（Ｐ機能）と，子どもの気持ちに配慮する，緊張を和らげるなどの集団維持機能（Ｍ機能）である。子どもの学校生活の満足度を見ると，両機能とも高い教師のクラスで最も高く，次いで，Ｍ機能が高くＰ機能が低い教師のクラス，Ｐ機能が高くＭ機能が低い教師のクラスと続き，両機能とも低い教師のクラスが最も低かった。

3. 個に応じた教育

(1) 適性処遇交互作用

学習者の適性によって処遇の効果が異なることを，適性処遇交互作用（ATI）という[48]。ここで適性とは，気質，知能，性格，動機づけなど，個人特性のすべてをさす。また，処遇とは，教授法，教師の人格，教育メディア，評価方法など教育関連の環境のことである。

安藤らは，入門期の英語指導に関して，文法指導中心の指導と会話指導中心の指導とを比較した[49]。全体として見れば，2つの指導法の効果には，ほとんど差がなかった。しかし，学習者の言語性知能の高さによって指導の効果を見てみると，言語性知能が高い子どもたちは文法中心の指導のほうで成績がよく，言語性知能が低い子どもたちは会話中心の指導のほうが適切であった。また，スノーらは，物理学の学習において，対人積極性が低い人には，教師が実演して教えるよりも映画で教えるほうが効果的であったのに対し，対人積極性の高い人には，映画よりも教師が実演するほうが効果的であったことを示した[50]。他にも，さまざまな適性処遇交互作用が報告されている。

教授法については，適性の高低が結果のよしあしに強く結びつく**特恵的教授法**と，適性と結果との相関が弱い**補償的教授法**とに分けられる。より多くの学習者により高い結果をもたらすためには，複数の教授法を学習者の適性に合わせて切り替えるということが必要である。これを，学習の**最適化**と呼ぶ。

適性処遇交互作用が教えるのは，子どもの適性に合致した教育を行うことの重要性である。これを，処遇適合的視点という。しかしながら，適性を欠く子どもに，まず適性を形成させるという適性形成的視点も必要である。「九九をマスターしている」ということは，「割り算を学ぶ」ということの適性（の1つ）である。そこで，九九をマスターできていない子どもに対して，九九を用いない割り算の仕方を教えるのと，まず九九をマスターさせるのとでは，どちらが効果的かは明らかであろう。

⑵　学習の個性化

教育では多くの場合，１つの（共通した）目標があり，子どもによってたどる道筋は異なっても，最終的には，みんながその目標に到達するということを考える。学習の個性化は，この逆，つまり，学習活動を通じて，もとから存在している子どもたちの違いを，さらに拡大しようとするものである。子どもの個性や持ち味をさらに伸ばそうと考える時，このアプローチは意味がある。「学習の個性化が目指すのは，学習を通じてその子がその子らしくなっていくことである」[51]。

（吉田佐治子）

4

演習課題

①「内発的に動機づけられた行動」と「外発的に動機づけられた行動」の例を日常生活から探し，その違いをまとめてみよう。

②子どもが好奇心をもつものにはどのようなものがあるか調べてみよう。

③子どもに自己決定させたほうが望ましいことはどのようなことか。年齢ごとに考えてまとめてみよう。

④子どもの内発的動機づけを高める保育者としてのかかわり方について，どのような工夫ができるか考えてみよう。

【文　献】

1）　パブロフ，I. P. 1927　川村浩（訳）　1974『大脳半球の働きについて（上）』岩波書店

2）　Watson,J.B. and Rayner,R. 1920 Conditioned emotional reactions. Journal of Experimental Psychology, 3, pp.1–14.

3）　Bandura, A. 1965 Influence of model's reinforcement contingencies on the acquisition of imitative responses. Journal of Personality and Social Psychology, 1, pp.589–595.

4）　Bandura, A. 1986 Social foundations of thought and action: A social cognitive theory. Englewood Clifts, New Jersey: Prentice–Hall.

5）　工藤俊郎　2004「学習」工藤俊郎・高井直美・上田恵津子・菅原康二（著）『基礎から学ぶ教育心理学』八千代出版

6）市川伸一　1995『学習と教育の心理学（現代心理学入門３）』岩波書店
7）Thorndike, E. L. and Woodworth, R. S. 1901 The Influence of Improvement in One Mental Function upon the Efficiency of Other Functions. Psychological Review, 8, 247–261, 384–395, 553–564.
8）Harlow, H. F. 1949 The Formation of Learning Sets. Psychological Review, 56, 51–65.
9）Brooks, L. W. and Dansereau,D. F. 1987 Transfer of Information: An Instructional Perspective. In S. M. Cormier and J. D. Hagman(eds.) Transfer of Learning. Academic Press.
10）天岩静子　2004「学習の転移と学校教育」並木博編著『教育心理学へのいざない　第二版』八千代出版
11）Bartlett, F. C. 1932 Remembering: A study in experimental and social psychology. Cambridge University Press.
12）Ebbinghaus, H. 1885 Über das Gedächutnis.（宇津木保（訳）　1978　記憶について　誠信書房）
13）Atkinson, J. R. and Shiffrin, R. M. 1968 Human memory: A proposed system and its contorol processes. In K. W. Spence & J. T. Spence (Eds.), The psychology of learning and motivation: Advances in research and theory,Vol.2. Academic Press.
14）Miller, G. A. 1956 The magical number seven, plus or minus two: Some limits on our capacity for processing information. Psychological Review, 63, 81–97.
15）Conrad, R. 1964 Acoustic confusions in immediate memory. British Journal of Psychology 55.
16）Craik, F. I. M. and Watkins, M. J. 1973 The role pf rehearsal in short–term memory. Journal of Verbal Learning and Verbal Behavior, 12, 599–607.
17）Baddeley, D. A. 2000 The episodic buffer: a new component of working memory? Trends in Cognitive Sciences, 4, 417–423.
18）苧阪満里子　2002『ワーキングメモリー脳のメモ帳』新曜社
19）Craik, F. I. M. and Lockhart, R. S. 1972 Levels of processing: A framework for memory research. Journal of Verbal Learning and Verbal Behavior, 11, 671–684.
20）Craik, F. I. M. and Tulving, E. 1975 Depth of processing and retention of words in episodic memory. Journal of Experimental Psycholpgy: General, 104, 268–294.
21）Wason, P. C. 1966 Reasoning. In B. Foss (ed), New horizons in psychology, I. Penguin Books.
22）Johnson–Laird, P.N. and Wason, P.C. 1970 A theoretical analysis of insight into a reasoning task. Cognitive Psychology, 1, 134–148.
23）Dunker, K. 1945 On problem solving. Psychological Monographs, 58(5), Whole No. 270,1–112.
24）Gick, M. L. and Holyoak, K. J. 1980 Analogical problem solving. Cognitive Psychology, 12.

306–355.

25）高野陽太郎　1994「思考の心理学」中島秀之・高野陽太郎・伊藤正男（著）『思考（岩波講座認知科学８）』岩波書店

26）Atkinson, J. W. 1964 An Introduction to Motivation. Princeton, NJ: Van Nostrand.

27）Seligman, M. E. P. and Maier, S. F. 1967 Failure to escape traumatic shock. Journal of Experimental Psychology, 74, 1–9.

28）鎌原雅彦・亀谷秀樹・樋口一辰　1983「人間の学習性無力感に関する研究」教育心理学研究，31，80–95.

29）Bandura, A. 1977 Self–efficacy: Toward a unifying theory of behavioral change. Psychological Review, 84, 191–215.

30）桜井茂男　1990「動機づけ」武藤隆・高橋恵子・田島信元（編）『発達心理学入門Ⅰ―乳児・幼児・児童』東京大学出版会

31）鹿毛雅治　1995「内発的動機づけと学習意欲の発達」心理学評論,38,　146－170.

32）鹿毛雅治　1998「学習を支える動機づけ」武藤隆・市川伸一（編著）『学校教育の心理学（教育演習双書２）』学文社

33）Leper, M. R., Greene, D., and Nisbett, R. E. 1973 Undermining children's intrinsic interest with extrinsic rewards: A test of overjustfication hypothesis. Journal of personality and social psychology, 28, 129–137.

34）Deci, E. L. 1971 Effect of externally mediated rewards on intrinsic motivation. Journal of Personality and Social Psychology, 18, 105–115.

35）Muller, C. M. and Dweck, C. S. 1998 Praise for intelligence can undermine children's motivation and performance. Journal of Personality and Social Psychology, 75, 35–52.

36）Allport, G. W. 1937 Personality : A psychological interpretation. Henry Holt and Company.（詫摩武俊・青木孝悦・近藤由紀子・堀正（訳）　1982　パーソナリティ　新曜社）

37）Harter, S. 1981 A new self–report scale of intrinsic versus extrinsic orientation in the classroom: Motivational and informational components. Developmental Psychology, 17, 300–312.

38）桜井茂男・高野清純　1985「内発的―外発的動機づけ測定尺度の開発」筑波大学心理学研究，7，43–54.

39）桜井茂男　1983「認知されたコンピテンス測定尺度（日本版）の作成」教育心理学研究，31，245–249.

40）White, R. W. 1959 Motivation reconsidered: The concept of competence. Psychological Review, 66, 297–333.

41）ド・シャーム，R.　佐伯胖（訳）　1980『やる気を育てる教室』金子書房

42）Deci,E. L. and Ryan, R. M. 1985 Intrinsic Motivation and self–determination. NY: Plenum

4

Press.
43）Leper, M. R. 1988 Motivational considerations in the study of instruction. Cognition and Instruction, 5, 289–309.
44）近藤邦夫　1994『教師と子どもの関係づくり――学校の臨床心理学』東京大学出版会
45）近藤邦夫　1995『子どもと教師のもつれ――教育相談から』岩波書店
46）吉田寿夫　1995「教師と子どもの関係」小石寛文（編）『人間関係の発達心理学３：児童期の人間関係』培風館
47）Rosenthal, R. and Jacobson, L. 1968 Pygmalion in the classroom: Teacher expectation and pupil's intellectual development. Holt, Rinehart and Winston.
48）Cronbach, L. J. 1957 The two disciplines of scientific psychology. American Psychologist, 12, 671–684.
49）安藤寿康・福永信義・倉八順子・須藤毅・中野隆司・鹿毛雅治　1992 「英語教授法の比較研究――コミュニカティブ・アプローチと文法的アプローチ」 『教育心理学研究』40　247－256.
50）Snow, R. E., Tiffin, J. and Seibert, W. F. 1965 Individual differences and instructional film effects. Journal of Educational Psychology, 56, 315–326.
51）奈須正裕　1998「個性を伸ばす教育」武藤隆・市川伸一（編著）『学校教育の心理学（教育演習双書２）』学文社

第５章
子どもの発達と保育実践

1　子どもの発達理解の方法

1．発達理解の意義

発達が，受精から死に至るまでの身体的・精神的，上昇的・下降的変化と定義されることは第２章で既に述べた。この変化の要因としては，①遺伝的に決定される生物学的要因，②非遺伝的な生物学的要因（出産時の低酸素状態など），③これまでの学習，④直接的な社会的・心理的要因（両親，きょうだい，友だち，教師など），⑤所属している全体的な社会的・文化的要因などがあげられる。これらは，大きく遺伝的要因と環境的要因に分けられ，保育の場では，後者の要因に対して直接的に働きかけることによって，乳幼児の発達を援助していくという側面をもっている。

乳幼児期の子どもの発達を理解するためには，まず，対象とする子どもの月齢や年齢では，体重や身長など体の発達はどの程度か，どのようなことができるか，どんなことばを理解することができるかなど，おおよその基準が必要となる。これまで医学や心理学などさまざまな領域において実証的資料が蓄積されており，この基準を指標とすれば対象とする子どもの発達の程度が明らかになるのである。そのために，保育者は子どもの身体発育値や心理的発達を明確に把握しておく必要がある。たとえば，標準とされる身長や体重を大きく下回っている子どもには，出生時の体重や既往歴を見たうえで，食事や運動の援助を積極的に行ったり，十分な栄養が摂取されているか，さらに子どもと養育者との関係が円満なものであるか等に注意が必要となる場合もある。

また，集団生活になじめず，すぐに手が出てしまう４歳男児がいたとする。この子どもに「困った時には手を出すのではなく，ことばで自分の気持ちを表現することを伝え，友だちとうまく楽しく遊べるようになってほしい」と保育者が願った場合，どのような働きかけが有効だろうか。保育者は，まず４歳児の人間関係やことばの発達を理解したうえで，この男児にどのような教育的配慮が必要であるかと考える。何か問題が起こった時，保育者は男児に何らかの働きかけをし，それを何度も繰り返していくだろう。その時，どのようなことばをかけ，子どもの気持ちにどのような配慮をしていくかを考え，実践していくことで，その行動がどの程度の期間で修正されていくかを見守っていくであろう。当然，ベテランの保育者は「こうすれば，このくらいの期間でこのように変化する」ことを経験的に理解している。保育の中で起こるさまざまな事象を観察・記録し，実証的研究を行い，公にしていくことが，現実的な課題の早期発見・早期療育につながること，あるいは，子どもの個性や特徴に合わせた教育に役立てること，これによって次世代の保育がより円滑に行われ，最終的には子どもの利益になると考えられるからである。

2．発達理解における研究の種類と方法

(1)　横断的研究法と縦断的研究法

発達研究には，大きな目的が２つある。１つめは，それぞれの発達的変化の実態の記述であり，２つめは，その変化・発達の原因を探ることである。「**横断的研究法**」とは，異なる年齢集団を対象として，それぞれの年齢集団の特徴を明らかにし，各年齢間の発達的変化を明らかにしていこうとするものである。同一課題を異なる年齢集団に実施し，同時期に多くの資料を得ることができる。たとえば，寝返りをうてるようになった月齢を健診時に保護者に問い記入してもらうことで，何か月でどのくらいの乳児が寝返りをうつかがわかる。また，異年齢の幼児・児童に生活歴を記入してもらったうえで，ひらがなを提示し，すべてのひらがなを読める時期を明らかにするなどである。一方，「**縦断的研究法**」とは，ある個人や同一の対象集団を長期にわたって追跡し，その変化を明らかにするものである。大きな集団を追跡するのは困難であり，時間

もかかるが，個人差を明らかにできるという長所がある。データの少なさから科学性が疑問視されることもあるが，個人の個別性・特殊性に焦点をあててその問題解決に資する分析を行うこともできる。たとえば，ことばの発達が遅く，集団になじめない子どもに対する指導計画を立て，その変化を一定期間観察し，客観的に記録していき問題の解決を図るなどがこれにあたる。

(2)　資料の集め方

資料収集の方法は多くあるが，代表的なものとしては，**観察法・実験法・テスト法・質問紙法**などがあげられる。乳幼児期の子どもは，ことばの獲得過程にあり，言語表出が未熟である。言語報告による資料の収集には限界があるため，養育者からの報告や言語のみを媒介としない方法によって資料の収集を行う場合も多い。また，研究目的や分析の仕方によって，複数の方法を併用して行うこともある。

①観察法

観察者が第三者的立場から客観的に調査対象者の行動を見て，それを記録していく方法である。観察法は，**自然観察法・組織的観察法・実験的観察法**に細分化される。

日常の行動をそのまま観察することを自然観察法という。家庭や育児の様子を記録するなどがこれにあたるが，そこに観察者が介入することで「自然な観察」が困難になるため，観察者をあえて条件に入れて観察する「**参与観察**」が用いられる場合もある。

また，研究目的に合わせ，どのような条件でどんな行動を観察するかをあらかじめ設定し，観察後に数量化しやすい形でデータを収集することを組織的観察法という。これには，ある場面を特定して観察する「**場面見本法**」，特定の行動のみに焦点をあてその行動の生起する条件や生起の過程を詳細に観察する「**行動見本法**」，一定時間ごとに目的としている行動が生起するかを観察する「**時間見本法**」などがある。たとえば，子どもの遊び場面に注目し，発達過程によって発話や行動にどのような変化が生じるか，その発話や行動の頻度を客観的に明らかにするなどである。

さらに，実験的観察法とは，観察から得られた仮説を明確な条件の統制によって客観的に検証する方法をさす。ある特定の環境を設定し，養育者との愛着形成の質をみていくなどがこれにあたる。

②実験法

実験者が条件を設定して観察，記録，測定する方法をさす。乳児期の子どもの視覚機能を明らかにするために行われた**選好注視法**などがある。

③質問紙法

調査対象者に自らの属性，心理状態，行動傾向などを，特に質問紙によって回答を求める方法である。あらかじめ設定された選択肢の中から回答する形式と，回答欄に自由に文章を記入する形式とがある。子どもの発育過程を保護者に問い記入してもらうなどがこれにあたる。

④テスト法

個人に対して課題を与え，それらに対する解答や反応をもとに個人の知的能力，学力，性格などの心理的特性を数値で表現する系統的な方法である。発達検査やパーソナリティーテストなどである。

3. 保育における発達理解

乳幼児期の子どもの発達理解のためには，出生時の体重やこれまでにかかった病気，歩き始めた時期などが詳細に記入された調査書が参考になることもある。入園面接時に発達検査を行っている幼稚園もあるだろう。これらは，保育にあたるための重要な資料となる。しかしながら，たった１回，または数回の面接で得られた資料のみで子どもの発達理解ができたとはいえない。実際の保育を通して，保育者と子どもとの間に十分な信頼関係が形成されて初めて，子どもの個性が見えてくるものである。また，保護者やきょうだい，その子どもがおかれたさまざまな環境から子どもの個性が理解できる場合もある。これらを総合的に検討したうえで理解をすすめていくが，その際，留意しなければならないことに，「保育者の主観」があげられる。保育者にも個性がある。その個性によって子どもを見る目に偏りが出ることがあるため，複数の保育者とともに，時間をかけて客観的な理解をしていくことを忘れてはならない。

2　保育の環境

1. 環境としての保育者と子どもの発達

子どもは周囲のおとなを見て育っていく。本書の読者は，現在，保育にかかわる専門的な理論や技術を学んでいると思われるが，子どもが主体的に学び，育っていく中には，保育者自身が重要なモデルとなることを忘れてはならない。子どもは，保育者が大好きなのである。大好きな保育者のつけているエプロンはすてきなものに見えるし，大好きな保育者の髪形は憧れの的である。大好きな保育者の話すことばはすぐにまねしたくなる。

事例 5-1
保育者のまねっこ　（3歳女児　幼稚園）

七夕の短冊に「はるな先生（担任の保育者）とスイートプリキュアになりたいな」とりかちゃんが書いていた。まだ文字は書けないので保育者が代筆したものであるが，「りかはね，大きくなったら，普通の時は幼稚園のはるな先生で，悪者が来たらキュアリズム（テレビアニメのヒロイン）になって戦うの」と，りかちゃんは母親にその短冊の話をしていた。家庭では，キーボードの譜面台に絵本をのせ，「では，お帰りの歌を歌いたいと思います。その前に，今日お持ち帰りの持ち物を確認します」「みっくん，おめめは先生を見てますか？」「そして，なんと，明日は，ジャガイモ掘りです。体操着と長靴で，カラー帽子をかぶってきてください」など，昼間保育者が話したであろうことばをそのまま「先生ごっこ」で模倣しているという。あたかも譜面を見ながらピアノを弾いているように歌い，時には子どもたちを見ているように笑顔で後ろを振り向く。またある時，ハサミを使おうとした2歳児に対し，「おてて，気をつけてね」「うわあ，上手に切れたね，これ何つくったの」と，優しく話しかけていた。

この事例の保育者は，子どもをよく見ながら笑顔で保育活動を行っていることがよくわかる。３歳児にとって，身の回りの親密なおとなは限られており，言うまでもなく養育者の模倣はもちろんのこと，おそらく初めて出会うであろう重要な他者である保育者は養育者の次にモデルの対象となり，性格形成のうえでも重要な役割を果たすのである。

事例 5-2
担任の保育者のモデリング　（３歳～５歳　幼稚園）

年少クラスの担任じゅんこ先生は，ピアノが得意である。歌を歌う時はもちろん，折にふれピアノを弾き，音楽を多く取り入れた保育を行っていた。そのクラスの子どもたちは，どの子も音楽好きである。運動会の遊戯では，踊るだけでなく歌いながら遊戯を行っていた。

同じ年少クラスのふみえ先生は，常に笑顔で明るい表情で子どもに接している。声も大きくハキハキしている。このクラスの子どもはとにかく元気で，園長先生のことばかけにどのクラスよりも大きな声で返事をする。多少騒がしいところもあるが，とても明るく元気である。

年中に進級する際のクラス替えで，担任がかおり先生になった。かおり先生は，非常にまじめで落ち着いた雰囲気の先生である。進級してしばらくたつと，このクラスの子どもは規律を守ることができるようになり，情緒的に落ち着いた雰囲気になってきた。

事例 5-2 のように，担任がかわり，環境が変化することでそれぞれの保育者のよい面を子どもたちが吸収することがある。これは保育者の個性を子どもたちがモデルとして同一視し，取り入れた結果であろう。この時期の子どもは何事に対しても大変柔軟であるため，まわりのおとなから受ける影響は大きい。一方，保育者の指示や禁止が多くなりすぎると，子どもの感情や思考は制限され，後々，主体的に行動することが難しくなる場合がある。

保育の場では，まず自分の気持ちを表現できる環境をつくることが必要で，そのための大きな存在が保育者なのである。子どもの性格形成には，「何をしても，どんなことがあっても先生は受け止めてくれる」「自分は先生に愛されている」という確信を乳幼児期にもたせることが重要である。子どもの成長を見守り，子どもを受容するためには，知識や技術だけでなく，強い忍耐力と寛容さ，また他者を愛する能力が必要である。保育者のあたたかく豊かな人間性そのものが保育の場における最良の環境であることを忘れてはならない。

2. 生活や遊びを通した学び

学びとは，心理学的な表現をすれば「学習」である。学習とは，経験によって起こるほぼ永続的な行動の変化と定義されるが，これを子どもに置き換えて考えてみよう。経験とは，繰り返される日常のことであり，生活そのものである。また，子どもの生活の中でみられる探索活動は，情緒的な安定を基盤とした知的好奇心によって喚起されている。子どもにとっての学びとは明確な意図をもって何かを学習するというより，生活の中で行われる探索活動，つまり「遊び」によって形成されるといえよう。いくつかの事例を参考に考えていこう。

事例 5-3 コミュニケーションの基礎を学ぶ　（6 か月児）

電車の中で父親と母親が何やら話しているのをじっと見ながら聞き入っている6か月ほどの乳児がいる。母親にだっこされながら，父親が話すとじっとその目を見て興味津々に聞いている。次に母親が相づちをうつと今度は母親の顔をのぞき込み手足をバタつかせて，うれしそうに喃語（なんご）を話す。一緒に相づちをうっているのだろう。まだ初語を話す前の乳児であるが，コミュニケーションの基礎としての「対人的やりとり」を日常の生活の中から既に学んでいるのである。

事例 5-4 予測を立てて行動する　（1 歳 4 か月男児）

ゆうたくん（1歳4か月）は，園庭で砂遊びをしていた。雨上がりで，泥んこである。暑い日でもあったので，保育者が「シャワー浴びてからお部屋にはいろうね」と声かけをした。保育者と目が合うと，何やらたくらんだようにニヤッと笑い両手を前に出し，保育者に向かって近づいてきた。「ほらほら，ぼく泥んこだよ，先生にこのおてて，つけちゃうよ，にげないの？」と言いたげである。保育者も「うわ，やめて」と笑いながら，「ほら，つかまえた，シャワーしますよ」と言ってゆうたくんにシャワーを浴びせていた。これまでの経験から「こんな時に，こんなふうにすると，こうなるはずだ」という予測を立て，行動しているのだ。

事例 5-5　観察・模倣による学び　（1歳4か月女児）

あいちゃん（1歳4か月）は，砂場で遊んでいるしゅうくん（2歳7か月）がプリンのカップにスコップと手を使って砂をギュッとつめていることに気づき，それをじっと見ている。逆さにしてプリンの型をとっているようである。何度か失敗しながらも，数個めできれいな型がとれた。しゅうくんは満足そうに保育者に「見て，プリンできたよ」と話す。しゅうくんの行動を見て，あいちゃんもプリンのカップを持ち，スコップで砂を詰めはじめた。もちろん上手に詰めることはできず，逆さにしても壊れてしまっているのであるが，しゅうくんと同じように「た，た！（できた，できた）」と保育者に話しているのである。年長児の行動に興味をもち，模倣することで新しい遊び方やことばを獲得していく姿である。

事例 5-6　異年齢とのかかわりの中で獲得する学び　（3歳児・5歳児）

園庭で，3歳児のふみくん，はるきくん，けいくんが遊具で遊んでいる。スペースシャトルをかたどった遊具で操縦席（席が3つ，ハンドルは1つしかない）は，子どもたちに人気である。その後ろで，順番待ちをしている3人（5歳児）がいた。3歳児は，遊びに夢中で順番待ちをしている年長児に気づかないが，なかなか変わってくれない年少児に，「いつまで使ってるんだよ，変われよ」と少し怒ったような口調で話しかけた。ようやく気づいた年少児であるが，怒った口調で言われたことでふみくんが「うるさいな，今，使ってるもん」と言い返した。年長児も「なまいきだな，年少のくせに」と始まり，けんかになるかと思った。そのとき，「じゃ，じゃんけんにしよう」と年長児の１人が提案した。年少児もそれに賛成し，６人でじゃんけんが始まったが，何しろ６人であるので，あいこになるばかりである。もちろん，これではうまくいかないことに年長児が気づき，「代表を選ぼう」と言うが，年少児はそれを聞き入れない。それどころか，あいこにもかかわらず，自分が手元を見ていた年長児に勝つと「やった，勝った」と大喜びして盛り上がっている。しびれを切らした年長児は「年少とやっても意味がない」とあきれ，「年少だからまだじゃんけんがわからないんだ」「小さいから仕方ないよ」と話しながら他の遊びに移ってしまった。年少児は「年長に勝った」と満足げに遊具での遊びに戻った。操縦席のハンドルは，それまで，単に順番に使っていたのであるが，年長児とのトラブルの後は，「じゃんけんで決めよう」とルールが変化していたのである。異年齢とのかかわりの中で年少児は新たな手段を獲得し，年長児は未熟ながらも人間関係を調節していくことを学んでいる。

以上の事例をみてわかるように，子どもにとっての学びとは，生活の中で，特に遊びを通して獲得されるものである。家庭の中で，集団生活を通して，日常生活の繰り返しからさまざまなことを学んでいく。保育者は，明確なねらいを設定しそのねらいを達成するために豊かな環境を整えていく必要があるといえよう。

3. 多様な経験と環境との相互作用

さまざまな経験をすることで子どもはどんどん学んでいく。母親が洗濯物をたたむ姿を毎日見ていると，それをまねて上手にたたむようになる。兄がいる妹は，少し乱暴なことばを平気で使うようになる。弟や妹がいる子は，小さな子の扱いが上手になる。これらの経験や環境は，心理学的にいえば，よい悪いにかかわらず観察学習による学びである。保育では当然，子どもを主体とするため，「学び」ということばを用いている。では，その学びを支える援助者としての保育者の立場からはどのようなことばが用いられるだろうか。保育士であれ，幼稚園教諭であれ，子どもの学びを考える際，そこには少なくとも「教育」という概念が存在する。教育とは子どもに対する意図的な働きかけであり，教育を行う際には「こうなってほしい」という明確な目標が存在する。保育者は，保育のプロフェッショナルとして，子どもに多様な経験をさせればよいのではなく，その根底にある目標（ねらい）を明確にして子どもの主体的な学びを援助していく必要がある。同時に，教育的なねらいだけでなく，時にはねらいとしていない副次的な学びや子どもの発達に目を向けることで，子どもが自ら学んでいく力を尊重してほしい。

事例 5-7 豊かな経験と主体的な学び

K 幼稚園には，大きな畑があり，いろいろな野菜を育てている。春にはジャガイモ掘り，秋にはサツマイモ掘りを楽しむ。都市化が進む中，いも掘りをするという体験は家庭では少ない。それでは，いも掘りを行うことのねらいは何だろうか。自然にふれる，ジャガイモが土の中に育つことを知る，持ち帰ったジャガイモを料理することで食べ物への興味をもつ等，多くのねらいが考えられる。

さきちゃん（３歳８か月）は，入園前まで虫をさわることができなかったが，畑の世話を通して，アリやテントウムシであれば何とかさわれるようになった。まさくん（５歳児）は，りくくん（３歳児）の手をとり，優しく話しかけながらゆっくり歩いていた。雨上がりの畑で長靴の中にまで泥が入り，泥だらけになること自体を喜ぶ子ども，今まで見たこともないような小さいジャガイモを見て「かわいい，赤ちゃんイモ！」と小さいジャガイモばかり集める子もいる。

ゆきちゃん（３歳７か月）は，入園してからずっと登園時に泣いていた。母親がいなくなった後には楽しく過ごしているが，ジャガイモ掘りの朝（６月初旬）も泣いていたのである。掘ったジャガイモを持ち帰り，夕方母親とフライドポテトを作って家族で食べた。

次の朝，いつもより早く起きたので，ゆきちゃんはお弁当づくりを手伝った。ジャガイモをゆで，塩コショウをふり，ラップで「ミニジャガイモおにぎり」を作り，お弁当箱につめてもらった。その朝は，ご機嫌で幼稚園に向かい，担任の先生に「ママと，ミニジャガイモおにぎり作ったよ」とうれしそうであった。この日から登園時に泣くことはなくなったという。ゆきちゃんの母親は「入園後から仕事に出るようになり，子どもとの時間が少なかった。久しぶりに子どもとだけの時間をもった」と話していた。

この事例では，保育者が設定したねらいの他に，遊び自体を楽しむ子どもや，年下の子どもに思いやりをもって接する子ども，ものの大きさの概念を確認する子ども，ジャガイモを料理することが母親とのふれあいの時間となり，精神的発達が促された子どもなどさまざまな効果が示されている。家庭では経験できないさまざまな環境を用意し，多くの体験をもつことで，子どもがその活動自体を楽しみ，集団生活の中で友だちや保育者との時間を共有する。同時に園と家庭が一体となって一人ひとりの子どもの発達を見守る。これらが相互に重なり合い，すばらしい保育環境へとなっていくのであろう。　（星野美穂子）

3　さまざまな領域における保育実践

1. 基本的生活習慣の獲得と保育実践

乳幼児が社会生活をしていくうえで必要とする食事，睡眠，排泄，着衣，清潔の生活習慣を基本的生活習慣という。基本的生活習慣の獲得は，子どもが就学するまでに身に付けておくべき重要な発達課題である。本来，基本的生活習慣は，家庭で形成されるものであるが，近年では，家庭での教育力の低下や保護者の価値観の多様化に伴って，保育所や幼稚園などの集団生活で担う部分が非常に多くなってきている。そういった意味で，保育者は子どもの発達を把握し，低年齢児では保育者が援助し，発達に伴って少しずつ自分でできる部分を増やし，最終的には自立を目指していく。また家庭との連携をはかりながら無理なく基本的生活習慣を獲得させていく必要がある。

事例 5-8 ぼくも行きたい （１歳児）

０歳児クラスからもち上がりの１歳児クラスである。保育者は，おむつ替えの時間に「トイレチームさーん，おトイレ行きますよ」とトイレに誘っている。最初は，ほとんどトイレに座っているだけだったが，次第にトイレで排泄ができるようになってきた。子どもたちは，トイレに行くことを嫌がることなくむしろ楽しんでいる様子である。この時間，４月に入園したあきおくんは，いつもは部屋でおむつを替えてもらっている。

７月のある日。あきおくんが，保育者の「トイレチームさーん…」の声を聞き，自分から歩いてトイレに行こうとした。

保育室からはトイレでの様子がよく観察できる。あきおくんは，保育者の「トイレチームさーん，おトイレに行きますよ」ということばでトイレに行くことや，トイレで何をするのかということを部屋から毎日見ていたからである。また，その時の「えらいね」「ちっちでたね」などという保育者のことばがけも聞いていたのだろう。

演習課題

①一人ではできないけれど，保育者の手助けがあれば「やってみよう」「今度は自分で」と思えるような環境の工夫とはどのようなことが考えられるか。思いつくことをあげてみよう。

②「トイレチームさーん…」の声を聞き，歩いてトイレに入ろうとした時のあきおくんの気持ちを考えてみよう。

課題を考えるためのアドバイス

１歳から２歳にかけて子どもは心も体も著しく成長する。歯磨きやあいさつ，トイレット・トレーニングといった生活行動のしつけもこのころから本格的に始まる。しつけによって，子どもは自分が他人と異なる存在であり，異なる意志をもっていると気づく。

保育所の１歳児は，「トイレチームさーん，おトイレ行きますよ」と保育者から声をかけられた時，その中の誰か１人がトイレに行くと，つられて他の子どももトイレに行くことがよくある。乳児期から年上の子たちがトイレに行く様子を観察し，「ぼくもしてみたい」「おもしろそうだな」という異年齢児への憧れをもち模倣することも多い。

また，今までうれしそうにトイレのオマルに座っていた子どもが，ある時期からは「いや！」と言って座らなくなることがある。それは抵抗する自我の現れであったり，遊びを中断されたくないという気持ちの現れであったりする。その一方で，おとな用のトイレに誘うと「ジャー」と水を流すことが楽しくて行くことがある。その後，尿意を感じてから排泄するまで，少しの間であればがまんできるようになると，タイミングのいい声かけで，すんなりオマルに座るようにもなる。１歳児は，排泄を通して自分をコントロールしたり，また自主性の芽生えも感じられたりする。たとえ，失敗しても，子どものやる気を育めるよう，ほめたり，励ましたりを根気よく続けることが大切である。

事例 5-9
自分で食べる （０歳児　12月）

給食は子どもたちにとって楽しい時間である。保育者が配膳の準備を始めると，「あっ！　あっ！」と声をあげて喜んでいる。食事の内容は離乳食の初期の子どももいれば，幼児食への移行途中の子どもとさまざまである。共通しているのは子どもが１人で手に持って食べられるものを用意している点である。ニンジンスティック，チーズ等をおいしそうにほおばっている。たかしくんは，ニンジンスティックを持って食べていたが，食べる部分がなくなってしまった。そこで，保育者が食べやすいように，持たせてあげようとすると，「あ〜！」と声をあげ嫌がった。くみこちゃんは，スプーンで食べている。保育者が，お皿の中身を食べやすいように寄せてあげようとした。すると，保育者の手から急いでお皿を遠ざけ，「んん〜っ！」と抗議した。

演習課題

①事例５－９でたかしくんとくみこちゃんは，嫌がったり，保育者に抗議したりしているが，この時の子どもの気持ちを考えてみよう。
②この時，保育者として，食事の自立を促すためにどのようなことばかけや配慮をするか，話し合ってみよう。

課題を考えるためのアドバイス

離乳食から幼児食への移行期には，まず「食べることの楽しさ」を感じることが大切である。おとなや他の子どもが食べているものに興味をもったり，手でにぎったり，味覚や食感を楽しんだりすることで，さまざまな感覚や「自分で食べた」,「全部食べた」という満足感や達成感も経験することができる。また，こぼしたり，口のまわりや体に食べ物がついてしまったりすることで，スプーンを上手に使うためにはどのようにしたらよいか，コップの中身をこぼさないように口に持っていくにはどんな持ち方がよいかなど，さまざまな調節機能が発達していくのである。家庭では，こぼれないように工夫された乳児向けの食器などを使用したり，汚れないように母親がすべて食べさせたり，すべての食材をすったり，とろみをつけて食べさせやすくしたりと，あまりにも手をかけすぎたりしていることも多い。食事は単におなかをいっぱいにすることだけでなく，自主性や感覚機能の発達にも目を向け保育を行いたいものである。

事例 5-10
いやいや期の着替えをスムーズに　（２歳女児　９月）

このところ，２歳児クラスのまきちゃんは，午睡（お昼寝）前にパジャマに着替えることを嫌がることが多くなった。他の子どももまねをして逃げまわるようになった。そこで，『パジャマでおじゃま』の曲のCDをかけて，「この曲が終わるまでに着替えられるかな？」と言った。すると，子どもたちは競い合って着替え始めた。まきちゃんも着替え終わると「できた！」と保育者に誇らしげに着替えた姿を見せにきた。

演習課題

①保育者は，どのようなねらいで『パジャマでおじゃま』の曲の CD をかけることにしたのか考えてみよう。あなたなら，この後，どのような働きかけをして着衣の習慣づけをしていくか考えてみよう。

②事例 5-10は 2 歳児のものだが，前開きのシャツを着る時，またボタンかけやファスナーかけなどの着替えをスムーズにできるようになるために，どのような働きかけがあるか考えてみよう。

課題を考えるためのアドバイス

2 歳児は，いろいろなことができるようになり，ことばも上手になるころである。また，自我が芽生え，自己主張をするようになる。いわゆる「いやいや期」で，何をするにも反抗し，自分の考えたとおりに何でもやってみたいという時期でもある。立派に成長している証である一方で，今まで何でも素直にやっていたことを嫌がるなどの行動も見られるようになる。これが重要な発達段階であることを理解しつつ，時にはこの時期に芽生え始める競争心を上手に使って保育に利用したり，個別の対応を行ったりしながら，子どもの自主性を大切にしたい。

事例 5-11 あいさつ（1 歳 3 か月男児　5 月）

しゅんとくんは登園してくるなり，まず園長先生の部屋に行く。そして，「おはー」と言いながら首を何度も上下にふる。そして，次に担任のなおこ先生のところへ行き「おはー」と言い，同じ動作をする。園長先生から「おはよう」と声をかけられると，うれしそうに保育者，次にいつも一緒に遊んでいるまさこちゃん，せいやくんと，毎日同じように「おはー」を言っていくのが日課となっている。そして，それが終わると，ぬいぐるみ，ブランコ，積み木といった人間以外のものにも「おはー」と声をかけ，うれしそうにしている。その反面，「さようなら」が大嫌いで絶対に言わない。わざと知らない顔をするのである。しゅんとくんにとってのあいさつは「おはー」だけである。

演習課題

①しゅんとくんにとって「おはー」のあいさつはどんな意味をもっているか，考えてみよう。

②しゅんとくんは，なぜ「さようなら」とは言わないのか，考えてみよう。

課題を考えるためのアドバイス

しゅんとくんにとって，「おはよう」ではなく「おはー」があいさつとして認知されている。「おはよう」と正しいあいさつに修正しようとしてもなかなか変えられないこともこの時期の子どもにはある。「おはー」ということばで人とのかかわりに興味をもっているのであろう。人と人とが会ったら何らかの意思表示をするということが理解されており，これが「おはー」ということばなのであろう。園長先生，保育者，友だちなどとコミュニケーションをとろうという意思が明らかに感じられる。このようなコミュニケーションの意思は，しゅんとくんと園長，保育者，友だちとの間に信頼関係が生まれ，よいコミュニケーションが成立している証拠でもあろう。「おはよう」ということばにはなっていなくても，「おはよう」というあいさつの心，心を伝えようという意思は育っていっている。声を出し，動作で表し，朝にそのパターンが表れるということは「おはよう」という意味をもっていると考えられる。

2. 身体機能と運動機能の獲得と保育実践

事例 5-12
タオルも遊具　（5か月女児）

まこちゃんは，顔や体にかかったガーゼのハンカチを一生懸命にどけようとする。手足をばたばたやみくもに動かし，成功するとうれしそうにしている。保育者が，バスタオルを顔の前でパタパタと振ったり，子どもの顔にふわりとかけると「ケラケラ」と声を出して笑い，急いでタオルを手でどける。まこちゃんに保育者が，「ばあっ」と言うと，さらに「ケラケラ」と声をあげて笑う。

演習課題

①ガーゼのハンカチやバスタオルで遊んでいるが，0歳児にとってガーゼのハンカチやバスタオルがどのような役割を果たしているか考えてみよう。

②はいはい以前の子どもに適した運動遊びを考えてみよう。

課題を考えるためのアドバイス

この時期の乳児は，自分ではまだ移動ができないか，寝返りをうって回転しながら進む，または腹ばいでの移動というような狭い範囲での活動に限られている。できるだけ，いろいろなものが見渡せるような環境，移動しやすい安全な環境をつくるとともに，移動したくなるような環境（あのおもちゃで遊びたい，あれをさわってみたい）を安全に配置するなどの工夫も必要であろう。

一方，知的な発達では，主たる養育者に対する愛着が形成する時期である。保育者を目で追い，話しかけられたり，だっこしてもらったりすることを望んでいるのである。子どもは，愛着の対象者を安全の基地として探索活動を活発にする。つまり，元気に遊ぶためには重要な他者とのこころの絆が必要であるということだ。動きを楽しみながら，大好きな保育者と毎日決まった時に同じ遊びをする，この繰り返しが体の動きだけでなく，こころの発達にもつながるのである。

事例 5-13
転ぶ練習　（８か月男児）

ゆうきくんは，腹ばいで前進しているが，近ごろ，「高ばい」のはいはいができるようになった。そこで，お昼寝用の布団の上に腹ばいに乗せて，布団をやさしく動かしたり，少し前に回転させてみたりした。初めのうちは，きょとんとして転がり，驚いた様子だったが，そのうちに転がるが楽しくなり，何度も「あー，あー」とやってと催促する。保育者が布団の端を高く上げると，今度は，転ばないように手をつき，保育者の顔を見て得意気ににっこりと笑っていた。

演習課題

①保育者は，故意に転ばせるような働きかけをしているのはなぜか，考えてみよう。

②歩き始める以前の子どもに適した運動遊びを考えてみよう。

課題を考えるためのアドバイス

高ばいのはいはいをすることで，手足の筋力，腹筋，背筋などさまざまな運動機能の発達が促される。最近では，生活環境の変化からか，はいはいをあまりせずに歩き出す子どもがいたり，ちょっとした段差でつまずいたり，転んだ時にうまく手をつけず大けがをするなどの事例も多く報告されている。体を使って動くことの楽しさを経験させるためには，発達に合った遊びをうまく用いる必要がある。はいはい時期の子どもが転んでもけがのないように工夫された滑り台などの遊具もあるが，マットを重ねて坂や階段を作ったりすることで，毎日違う動きが経験できる。また，なめても落としても安全なおもちゃを少し高い場所や，移動しなければ届かない場所に置いたり，転がるおもちゃを追いかけ回したりすることができる。もちろん，安全に十分配慮したうえで自由に動き回ることのできる環境づくりをする，保育者が一緒に遊ぶことも大切である。

事例 5-14
おぼんで運ぶ （3歳児 5月）

3歳児クラスでみさきちゃん，ゆかちゃんがレストランごっこをしている。一緒に遊んでいた保育者は，職員室からおぼんを持ってきた。それを見て，みさきちゃんは，「貸して」と言って，コップをおぼんにのせ，そろりそろりと歩いてテーブルに運んでいる。そばで見ていた，りかちゃんは，「先生，わたしもおぼん貸して！」と言ってきた。保育者は職員室から3つおぼんを持ってきた。すると，りかちゃん，じゅんちゃん，けいちゃんが，いろいろなものをおぼんにのせて，テーブルに運んでいく。最初は，1つだけをていねいに運んでいたが，そのうちコップとお皿と食べ物というように，いろいろなものをおぼんにのせて，運ぼうとしている。みさきちゃんも，みんなのまねをしていろいろなものをおぼんに無造作に積み重ねているうちに，おぼんが傾いておぼんの上のものが床に全部落ちてしまった。すると，みさきちゃんは次には，「こうでしょ，こうすると…」などと独り言を言いながら，何度も挑戦していた。

演習課題

おぼんでものを運ぶような働きかけをしているのはなぜか，考えてみよう。

課題を考えるためのアドバイス

平衡感覚を伴う運動は，練習を重ねて獲得されていき，一度獲得されるとその感覚は長く保持される。事例ではままごとであるが，子どもは手伝いが大好きである。本物のコップやお皿を運んで割れたら，こぼしたらと心配もあるが，実際に運んでみることで平衡感覚や，ものの重さや性質の認識がされていくのである。また何かを運ぶだけでなく，ウレタンブロックを並べその上を歩く，片足立ちで遊ぶゲームなど集団生活で友だちとのかかわりを生かしながら発達援助をしていくのである。

事例 5-15 お箸で豆つかみ（３歳児　６月）

３歳児のあおいくんは，４月のころは，ミートボールを箸で刺して食べていた。「お箸は刺して食べないのよ。こうやって食べるんですよ」と箸の持ち方を説明する。しかし，あおいくんは，なかなか上手に使えず，フォークを使おうとする。６月のある日，給食に金時豆が出された。「甘いお豆だ」と言いながら箸を使って上手に食べるさとしくんの姿を見て，隣に座っていたあおいくんが，左手で右手の箸を押さえながらなんとか金時豆をつかんで食べていた。

演習課題

箸がうまく使えるようになるための保育者のはたらきかけを考えてみよう。

課題を考えるためのアドバイス

箸の使い方は，しつけの１つとしてとらえられている。また，手指の運動機能の発達にも役立つ。養育者や保育者が手本を見せて教えることはもちろん，事例のように友だちと一緒に楽しく食べることで，友だちを観察して，まねることで獲得していく部分も大きい。初めは難しくても毎日少しずつ慣れていくことで上手に使えるようになる。自分も負けずにやってみるという意欲を見守り，励ましていくとよいだろう。

身体機能・運動機能は，事例の他にも，鬼ごっこで調節しながら走る機能を高める，フラフープを置いてケンケン跳びをする，平均台をわたってバランス機能を高める，風船をふくらませて肺活量を高めるなど，さまざまな遊びを通して発達を促すことができるだろう。しかしながら，これらを行うためには，子どもの発達過程をよく理解していないと無理な運動を過度にさせてしまったり，難しすぎる課題で意欲を失ってしまったりすることもあるため注意も必要である。また，思い切り遊ぶためには遊びが行えるだけの体力，遊ぶ友だちが不可欠であり，順番やルールを守るといった社会性や，ルールが理解できるためのことばや認知の発達，最後までがんばろう，勝ちたいという自主性や適度な競争心，安心して自分の思いが伝えられるような温かい人間関係の形成が必要となってくる。言うまでもないが，これらすべてがバランスよく発達してこそ，高い運動能力が獲得されるのである。

3. 認知の発達と保育実践

事例 5-16
いないいないばあー（6か月女児）

あいちゃんは今6か月。あいちゃんの今のお気に入りは，「いないいない　ばあー」で遊ぶことである。ニコニコしているあいちゃんに，「いないいない」と言って母親が手で顔を隠すと，顔を隠した母の手をじっと見つめている。そして，「ばあー」と母親が顔を出すと，あいちゃんは，うれしそうに大きな声を出して笑う。母親は，その姿がかわいくなったので，何度も同じように「いないいない　ばあー」と遊んでいる。あいちゃんは，何度やっても初めて見るように大笑いしていた。

演習課題
あいちゃんが，「いないいない　ばあー」を喜ぶのはなぜだろうか。考えてみよう。

課題を考えるためのアドバイス

「いないいない　ばあー」を喜ぶのは，6か月過ぎたころからである。たとえば，赤ちゃんが今見ている大好きなおもちゃを，赤ちゃんの目の前で，タオルなどで覆って見えないようにしたとする。その時，6か月に満たない赤ちゃんは，おもちゃを見つけることはできない。そして，タオルの下に隠されているおもちゃに気づかず，興味を失ってよそを向いてしまう。すなわち，対象の永続性が十分に獲得できていない赤ちゃんにとって，目の前に見えないものは存在しないということである。

あいちゃんは６か月であるが，もうしばらくして７～８か月くらいになると，あいちゃんには見られなかった隠れたものを探すという行動が見られるようになってくる。したがって，そのころになると，「いないいない　ばあー」を同じようにしても，母親の手で隠れている顔を見ようと，あいちゃんは母親の手をどけようとする行動が出てくる。これはあいちゃんの認知機能が発達してきている証拠である。

事例 5-17 動物ごっこ（２歳児）

絵本『うしろにいるのだあれ』（ふくだとしお　新風舎）の読み聞かせを行った。この絵本は何回も読んでいるので，絵本に出てくる犬，猫，ゾウ等の動物が登場するたびに，子どもたちはその動物になりきって，それぞれの表現を楽しんでいる。犬が登場すると，子どもたちは，「ワンワン」と言って犬の表現をしている。保育者が「首の長いキリンさん」と言うと，首を上に上げ，しばらく考えた後，「チリン（きりん），チリン」と言いながら表現していた。

演習課題

２歳児の絵本の読み聞かせの特徴を考えてみよう。

課題を考えるためのアドバイス

２歳児になるとさまざまなものの名前を覚え，また色や形，大きい・小さい，長い・短いなどの関係把握を認識することも徐々にできるようになる。さまざまなものに興味をもち，「これなあに？」と，ものの名前をしきりと聞いてくることもある。この時期ではことばや認識の発達には個人差もあるため，保育者の積極的な援助が必要な時期でもある。保育者が子どもの活動に合わせていねいにことばをかけること（たとえば，重いものを持っている時に「重いでしょ，大丈夫？力持ちだね」と話しかけるなど）で発達が促されることもある。子どもの行動と体験したことや感じたことをことばによって補い，見立てやつもりになって遊べるような援助をしていきたい。

また，絵本を読むことで，これまで知らなかったものも挿絵を見て理解できたり，覚えたりすることもできる。この他にも，形あわせ遊びや，名前あてゲーム，色あつめ遊び，季節に合った手遊びなどを楽しむことで発達に応じた遊びを取り入れていきたい。

事例 5-18 きょうのおやつは何個？（4歳児）

4歳児になっておやつを食べる時のきまりがわかってくると，今度は自分でおやつの容器から，カードに書かれた数だけ自分のお皿にとるようにした。

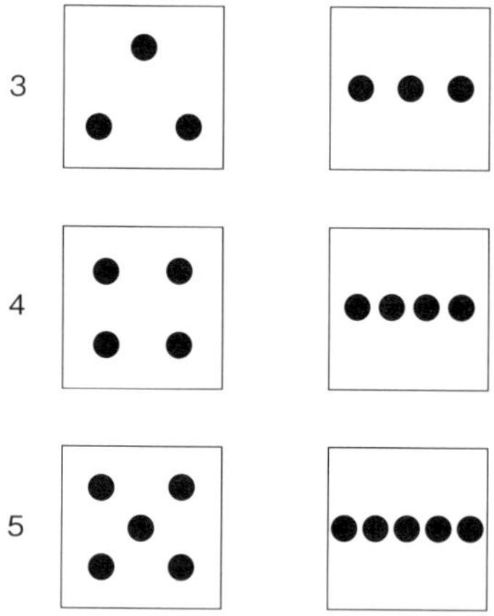

1つ，2つはみんな見ただけですぐにわかり，迷うことなく自分のお皿に入れることができた。しかし，3つ，4つ，5つになると，カードの書き方によって子どもたちの数のとらえ方が違ってくる。

左側のカードではすぐわかったが，右側のカードでは少し迷う子どもがいた。

5つになると左側のカードでは「2つと3つ」と言いながら，すぐに5個をとることができた。また，お皿の中に，カードと同じようにおやつを並べてとることもある。右のカードでは，カードの●を1つずつ指で押さえながら数えたり，カードの●におやつを1つずつ置いてとったりする。

演習課題

①カードによって理解に差が出るのはなぜか，考えてみよう。

②おやつの時間を設定する理由を考えてみよう。

課題を考えるためのアドバイス

おやつの時間は，子どもたちにとって楽しみな時間である。しかし，おやつを楽しく子どもたちに食べさせるだけでよいのだろうか。おやつを食べることで，子どもたちに何を育てたいのかを，保育者は考えることが大切である。もちろん栄養摂取や休息の意味もあるが，それだけではなく，とても大切な学びがある。おやつの分け方を通して，数量の概念を子どもに指導することも１つである。数に対する理解の仕方は個人差がある。そこで，いろいろな方法で数を理解させることが必要になってくる。また，違った種類のものを１個ずつとか２個ずつ問うことによって，子どもの思考を確認することも大切なことである。

5

事例 5-19
バニラの香りの小麦粉粘土　（４歳児）

小麦粉を机の上に出したとたん,「きゃっー」「わぁー」の大歓声がわいた。机の上だけでなく，床いっぱいに粉をまき散らせながらもこねていた。保育者は,「耳たぶの硬さに作ると粘土遊びがしやすいよ」とことばをかけた。途中で保育者がバニラエッセンスをふりかけた。自分の耳たぶと粘土をさわり，比較しながら，水を混ぜて調整していた。保育者が援助しながら小麦粉粘土ができあがった。「やったー」「いいにおい」と子どもたちの歓声があがった。しばらくすると，りょうくんは，お隣のななみちゃんの分も粘土をとっていた。それを見て，ななみちゃんが「ずるいよ」と言った。すると，りょうくんは,「分けてあげるよ！」と，自分の分とななみちゃんの分に粘土を二等分した。

演習課題

この他に大きさ，量，重さを学ぶためにはどのような働きかけがあるか，考えてみよう。

課題を考えるためのアドバイス

ものの大きさの違いは，比較的理解しやすい。幼児期の子どもは見た目に左右されるため，形状が変化すると，内容物の量も変化していると感じる。持ってみて，実際の重さを感じたり，同じ量の粘土で形を変えたものを用意したり，液体であれば，いろいろな容器に移しても，足したり，減らしたりしていないのだから，中身は同じと理解できれば保存の概念が理解できたといえる。この課題は幼児期の子どもにとっては困難であるが，経験の多い課題に対しては理解しやすくなることから，さまざまな働きかけが有効であるといえる。重要なことは，楽しいということである。事例では，バニラエッセンスを入れ，いつもの粘土とは違う感覚を味わうこと，自分で作った手作り粘土ということが子どもの楽しみにつながっている。また保育者は見守り，自分たちで納得のいくように話し合いながら，量を調節すること，他者とのかかわりも学んでいるのだ。今までさわったことのないものにふれ試行錯誤を繰り返しながら，自分だけのものを作る，友だちと一緒に遊びの中で学んでいく姿である。

事例 5-20 かくれんぼしよう！（4歳児）

おうたくん，じゅんくん，けいくんが「かくれんぼしよう！」と園庭に集まっている。じゃんけんをして，おうたくんが鬼になることに決まった。しかし，おうたくんは「あんまり，わからんかもしれん」と言っている。するとじゅんくんが「えーとな，こうやって目をつぶって，1，2，3……と数えてー。“もう，いいよ”と言ったら，さがすんだよ」と教えている。しかし，おうたくんは「あんまり，わからんかもしれん」とくり返す。じゅんくんは，再度「えーとな，こうやってな……」と実演しながら説明している。それでもおうたくんは「？」と頭をひねっている。じゅんくんとけいくんは必死になって，「えーとな。こうやって１，２，３……というじゃん。そしたら……」とおうたくんの顔をのぞき込んでは，何回も説明している。そして，「わかった？　かくれるよ！」と２人が走っていこうとした途端，おうたくんが，「おうちゃん，数えるのがわからん」と言った。２人はずっこけてしまった。

演習課題

なぜ保育者は次のような援助をしたか，考えてみよう。

・少し離れたところから子どものやりとりを見守る。

・「先生が一緒に鬼になってあげるから，おうたくんも一緒にしようね」と，一緒に鬼になって遊びながらルールを教える。

課題を考えるためのアドバイス

４歳児も夏休みを過ぎると，友だちと一緒に遊ぶ楽しさがわかり，友だちを誘っていろいろな遊びをするようになる。特に，ルールのある遊びに興味を示すようになる。この時期の子どもたちは，うまくいかなかったことで学ぶことがたくさんある。いろいろなことを通して，気の合った友だちどうしで共通のルールで遊ぶ楽しさがしっかり体験できると，次第に大勢の友だちとも共通のルールで一緒に遊ぶことができるようになる。その中では，がまんしなければならないことや決められたことは守らなければ楽しくないこと等，多くのことを学んでいく。そして，単に集まっているだけの集団ではなく，お互いに育ち合う集団になっていく。集団遊びを通して，ルールを理解すること，どのように説明したら他者が理解できるか，他者の気持ちや立場の理解などが形成されていくのである。

事例 5-21
クイズ遊び　（3歳児）

朝の会の時，保育者が，「赤いお洋服の人はだれでしょう？」と質問すると赤い洋服を着ているあゆちゃんが「はーい！」と言って立ち上がった。「それじゃあ，お洋服に青色が入っている人はだれでしょう？」と言うと，ゆうきくんは自分の白いＴシャツに青い絵が描かれているのを確認して，「はーい！」と大きな声で言って立ち上がった。赤と青のボーターの服を着たゆきちゃんも「これ，いいよね？」とまわりの子に確認しながら，立ち上がった。

演習課題

子どもが楽しむクイズやなぞなぞを発達年齢を考慮して考えてみよう。

5

課題を考えるためのアドバイス

1歳児では，ことばが出るころから指さし行動が観察される。カラスを指さして「あ，(ほらカラスがいるよ)」と言ったり，おもちゃを指さして「あ，(それとって)」などである。まだ，ことばらしいことばは出ていなくても保育者のことばかけに反応し，「えみ先生はどこ？」と質問すると保育者を指さすこともできる。2歳児では，動物などものの名前もよくわかるようになり，「これなあに」の質問に「パンダ」など具体的な名詞を答えることができる。3・4歳児では，自分の名前や年齢，好きな食べ物や仲良しのお友だちなども答えられるようになる。5歳児では，だじゃれや簡単ななぞなぞなどを喜ぶ姿も見られる。保育者の質問に答えることから始まり，友だちの質問にも答えられること，最終的には友だちの前でうまく答えられることで達成感や満足感を味わわせるなど発達に合わせて遊びの中で少しずつ取り入れていくとよいだろう。

事例 5-22 ドングリを使って遊ぶ（４歳児　10月）

４歳児クラスでは，10月になると，園庭に落ちているドングリを使った遊びがいろいろと展開されている。ゆうじくん，ようくん，たつやくんの３人は，ドングリにキリで穴をあけ，つまようじを刺してコマを作り，誰のコマが一番長く回るか競争している。３人は最初はキリで穴をあけることもこわごわであったが，何個か作るうちにずいぶんと上達した。自分で作ったコマを回すことも最初は難しかったが，だんだんと上手にコマを回せるようになり，３人で競争している。ゆうじくんは，「やったー，これで３勝」と喜ぶ。ようくんは，１勝もできずにいるが，負けず嫌いであり，悔しそうに「ゆうじくんのコマ強いなあ。ちょっと見せてよ」と言う。ゆうじくんは「いいよ」とコマをようくんに手渡す。ようくんとたつやくんは，ようくんの手の中のコマを自分たちのコマと比べた。「ゆうじくんのはふとっちょだよ」とたつやくんが言う。ようくんのドングリは細長い。「ぼく，よく回るドングリ探してくる」とようくんは園庭に走り出した。「ぼくも」とたつやくんも続いた。「ぼくだって」とゆうじくんも２人の後を追った。

5

演習課題
この事例は，幼児期の思考の特徴として，「前操作期」について具体的に表している。どのようなところか説明しなさい。

課題を考えるためのアドバイス

季節の自然物を取り入れた遊びとして，秋のドングリはよく教材として使用されている。拾うことを楽しんだ後は，ままごとの材料となったり，転がしたりと大活躍である。ドングリで自作のコマを作り，それを長く回すという競争をしている。３人は仲良しで一緒に遊ぶ相手であり，また，コマを回すという競争をするライバルどうしでもある。遊びの中から競い合いが生まれることはよくあり，それがお互いのよい刺激ともなる。この時期の子どもは「概念が使用できる前」の時期であり，頭の中だけで物事を考えることはとても難しい。ドングリを使って遊ぶという現実の世界で身体を使って遊ぶという体験が大変重要である。

4. 社会性の発達と保育実践

事例 5-23
ぼくの先生だもん　（0歳児）

みな先生は，0歳児クラスの担当である。0歳児担当の保育者は4名いるが，クラスの中では，さらに細かく「担当の子」を決めて主に食事の介助をする。子どもたちは同時に「自分の先生」のひざを取り合い，時にはけんかになることもある。ある日，だっこされているともちゃんを，近づいてきたみのるくんが押してしまった。ともちゃんは泣き出し，みな先生がなだめた。落ち着いてきたのでみな先生が部屋を出ようとすると，「担当の子」が一斉に泣き出した。

演習課題

子どもはなぜ特定の保育者がいなくなると泣き出すのか，理由を考えてみよう。

課題を考えるためのアドバイス

何歳の子どもでも，保護者から離れて初めて集団生活に入るのは緊張するものである。特に人見知りが始まる0歳児にとっては試練の時である。子どもたちはいつのまにか自分の担当保育者を覚え，他の保育者以上に甘えたり接触を求めてくる。最初はだっこやおんぶで安心感を得るが，徐々にだっこされていなくても，同じ部屋にいることが確認できればおもちゃで遊ぶことができる。しかし，いなくなったとたんに遊びどころではなくなることも多い。昼間の時間の多くを保育所で過ごす0歳児にとっては，保育者は自分を守ってくれる重要な他者なのである。

事例 5-24 遊び終わったら貸してね（４歳児）

保育室の自由遊びの時間のことである。何人かの子どもが集まって，ブロックを使ってそれぞれに遊んでいる。

保育者：「ゆうくんが貸してくれなかったの？」
はると：（うなずく）
保育者：「どうして貸してくれなかったの？って，ゆうくんに聞いてみようか？」
はると：「どうして貸してくれなかったの？」
ゆうや：「貸さない！」
保育者：「ゆうくん，貸したくないの？」
ゆうや：「これ，ゆうくんのだもん！」
保育者：「今，ゆうくんが遊んでいるから貸したくないの？」
ゆうや：「うん……」
保育者：「じゃあ，はるくんにそうやってお口で言ってみようよ」
ゆうや：「今，遊んでいるから……」
保育者：「はるくん，遊び終わったら貸してねって言ってみたら？」
はると：「遊び終わったら貸してね！」
ゆうや：「いいよ」

演習課題

①けんかにならなかったのはなぜか，考えてみよう。
②一重線と二重線は保育者の援助の方法が違っている。それぞれどのような援助か，考えてみよう。

課題を考えるためのアドバイス

集団生活を始め，少しずつルールを守ることができるようになるものの，この時期の子どもは自分の考えは主張するが，まだ自分をコントロールしてがまんしたり，自分の気持ちをうまくことばにして表現することが難しいため，事例のような光景はあちこちで見られる。

子どもどうしでいざこざがあった時には，保育者はすぐに介入したりせず，しばらく様子を見る。そのうち解決すればよいのだが，収まりがつかずに手が出てしまったり感情がエスカレートしてしまう時には，保育者の援助が必要となる。この時，保育者が子どもに「どうしたの？」と聞いても，この問いかけでは，子どもはなかなかうまく説明できずに黙ってしまうことが多くある。まずは，保育者が子ども一人ひとりの気持ちを代弁していくことが大切である。代弁にはいろいろあるが，自分の気持ちを的確にことばで表現することが難しい子どもに対しては，その気持ちに寄り添うことが大切である。さらに，表現することばが未熟な子どもには，自分の気持ちを的確に表すことばを提案することも大切である。事例のやりとりは，保育現場ではよく見られる型通りのものであるが，こうした定型のやりとりのことばを身に付けることで，徐々に場面に合わせた言葉の使い分けを覚えていくようになり，自分なりのことばの表現をもつようになるのである。

事例 5-25
小さい子には優しくね　（0・1・2歳児）

異年齢児が同じ部屋で遊んでいる。としくん（1歳11か月）が1つしかないままごとのレンジを独り占めして遊んでいた。そこへあいちゃん（10か月）が近づいてきて，レンジをとってしまった。としくんは「あっ」と言うと，一瞬動きを止めた後，「返して～」と泣いてしまった。

演習課題
としくんは，なぜ泣いたのだろうか。

課題を考えるためのアドバイス

低年齢児では，力の強い子どもが小さい子のおもちゃを横取りして泣かせてしまったりすることがよくある。また，とられたこと自体に（とられた子どもが幼すぎて）気づかず，きょとんとするだけで泣いたり抗議したりできずにいることもある。他者がどんな気持ちでいるか，自分がその立場だったらどんな気持ちかをていねいに説明することも大切であるが，よいことと悪いことの判断や，他者に対する思いやり行動は身近な者の模倣をすることで学ぶことが多い。特に低年齢児の場合は，常に母親から受けている行為を体で感じることで学んでいる。ちょうど１歳くらいの子どもが手に持った新聞紙を口に入れようとした。その母親は「あ」とだけ言って慌てて子どもから新聞紙をとりあげた。その子はきょとんとして特に抗議はしなかった。なめてしまってはインクが口にはいるからという理由であろうが，何も言わずものをとりあげるという行為は，結果的に，おもちゃをとりあげる子どもと同じである。保育者は一つひとつの言動に細心の注意をはらう必要があるといえるだろう。

事例 5-26
まず先生と　（３歳児）

入園から２か月がたった。まみちゃんは，なかなか友だちに「入れて！」と言えない。そんな時，実習生がクラスに入った。すると，その実習生にピタッとくっつき，離れない。まみちゃんが実習生と楽しく遊んでいる様子を見て，ゆうちゃんが「入れて！」と入ってきた。しばらくの間，３人で遊び，まみちゃんとゆうちゃんが仲良く遊び出したのを確認すると，クラス担任の保育者は実習生を自分のところへ呼んだ。数分後，まみちゃんとゆうちゃんが遊んでいる中に他の女児３名が入り，５人で遊んでいた。

演習課題

下線部，この時クラス担任はなぜ実習生を呼んだのか考えてみよう。

課題を考えるためのアドバイス

子どもが元気に遊ぶためには，まず情緒的な安定が不可欠である。はいはいのころ，母親がいれば楽しくひとり遊びをしているのに，母親がトイレに入ったとたん，ドアの前で泣くのでその時期にはトイレのドアを開けっ放しで用をたしたなどという話を聞く。3章でも述べたとおり，子どもは重要な他者を安全の基地として遊ぶ。怖いことがあっても，失敗しても，いざとなったら母親が守ってくれるから大丈夫という気持ちだろう。入園当初は，その母親が不在である。すんなり遊びに入れる子どももいるが，初めての場所になじめない，緊張の強い子どもも多い。まず，保育者が重要な他者となり，ここでの愛着が形成されれば，子どもは自然と遊べるようになってくる。また，初めての集団生活で友だちとのかかわりの経験が少ない場合には，保育者が一緒に思い切り遊ぶことで，遊び方のお手本を見せ，他者とのかかわり方を見せていく。子どもはその姿をモデルとして，まねしながら，友だちとかかわる楽しさを体験し，自分のものとしていくのだ。

事例 5-27 だって，誰も使ってなかったから（3歳児　7月）

3歳児のさくら組では，新聞紙や広告の紙を細長く丸めて剣で遊ぶことがはやっている。ゆうとくんも登園後，広告で剣を作った。剣で遊ぶ前にトイレに行きたくなり，できあがった剣を机の上に置いて，その場を離れトイレに行った。ゆうとくんがトイレから戻ると，じゅんくんがゆうとくんの作った剣で遊んでいた。それを見て驚いたゆうとくんは，保育者のところへ行き，「先生，じゅんくんがゆうとの作った剣，取っちゃった」と訴える。保育者は，ゆうとくんと一緒にじゅんくんのところに行き，「じゅんくん，その剣，ゆうとくんが作った剣なんだって」と言う。じゅんくんは，「だって，誰も使ってなかったから」と剣をゆうとくんに差し出す。保育者はゆうとくんに，「じゅんくん，ゆうとくんの剣だって知らなかったんだって。誰も使ってなかったから，使ってもいいと思ったんだって」と言う。保育者がじゅんくんに，「じゅんくんも剣ほしい？」と聞くと，じゅんくんはうなずく。「一緒に作ろうか」と保育者はじゅんくんを誘い，2人で作り始めた。

演習課題

①じゅんくんは，なぜ「誰も使ってなかったから」と言ったか，考えてみよう。

②保育者は，すぐにじゅんくんにゆうとくんの剣を返すように促していないのはなぜだろうか。考えてみよう。

課題を考えるためのアドバイス

３～４歳ごろになると**心の理論**が構成され，他者の心が理解されるようになる。しかし，その発達過程には個人差が見られる。また，他者の視点に立つことはこのころの子どもにとって容易なことではない。そこで，保育者の援助が必要となる。特に友だちとトラブルが生じた場合は，保育者が中に入って一人ひとりの子どもの気持ちや意図を受け止め，ことばを補って代弁したり，相手の気持ちを伝えることが大切である。子どもにとってはこのような保育者の援助が，自分の気持ちを話し，他者の意図を聞く経験となる。自分と他者の感情や意図が必ずしも一致しないことを，子どもの思いをくみ取りながら伝えていくことが重要である。

事例 5-28
片づけの時間　（4歳女児　6月）

はるちゃんは，ブランコに乗るのが大好き。しかし，いつも誰かがブランコに乗っていて，なかなか順番がまわってこない時が多い。今日もやっとはるちゃんの番になった時，「お弁当の時間ですよ！　みんなでお片づけしましょうね！」と先生に言われてしまった。しかし，はるちゃんは，いっこうにブランコから降りようとしないで，一人だけブランコに乗っている。

演習課題

①あなたははるちゃんにどのようなことばをかけるか，考えてみよう。

②「いつまでも遊んでいたら，お弁当が食べられなくなりますよ！　早くお部屋に入りましょう」と言った場合，保育者は，はるちゃんの行為をどのように考えているだろうか。

③「はるちゃん，やっとブランコ乗れたのね。よかったね。でも，もうお弁当の時間だから，10数えるまで乗ったらお部屋に入っていらっしゃいね！　先生，先に帰って待っているからね！」と言った場合，保育者は，はるちゃんの行為をどのように考えているだろうか。

課題を考えるためのアドバイス

子どもが主体的に楽しく，安全に保育所や幼稚園で生活するためには，いろいろなきまりが必要である。集団生活の中で，きまりを守るようにさせることは必要なことである。4歳児は，きまりを「○○してはいけない」こととしてとらえているようである。それは，子どもが主体的に考えたことではない。おとなから言われていることを繰り返しているにすぎない。すなわち，危険なことや自分が痛い目に合うこと等，自分の行為の結果が自分に返ってくることを避けるためのものが，きまりであると考えている。したがって，自分に大変なことが起きたら困るので，それが起きないように，きまりを守らないといけないととらえている。5歳児は，きまりはみんなが楽しく遊ぶために必要であり，大切なものだと考えるようになる。4歳児は，まだ社会性が発達していないため，自分を中心としたきまりの概念しかないのである。ただし，きまりは一律に同じようにさせることが必要であろうか。時には，子どもが自分で考え，その場に応じて行動できるようにさせることも大切ではないだろうか。子どもが，自ら行動できるようになるような，子ども主体の保育を実践することが保育者にとって最も大切なことである。

事例 5-29
お弁当残してもいい？（5歳男児　1月）

お弁当の時間は，楽しい時間である。お弁当を食べながらおしゃべりもはずむ。おしゃべりに夢中のふみやくんは，なかなかお弁当が食べられない。そして，気がつくと友だちはみんな食べてしまって片づけている。そこで，ふみやくんも早く片づけて遊びたい様子である。しかし，おにぎりが一つ残っていた。

ふみや：「先生，残していい？」
先　生：「もう食べたくないの？」
ふみや：「うーん，どうしようかな？」
先　生：「お母さんが，元気に遊んでほしいと思って作ってくれたお弁当だから，先生だったら残さないで食べるけどな」
ふみや：「うーん，どうしようかな？」
先　生：「それはふみやくんのことだから，ふみやくんが決めたら」
ふみや：「残してもいいかな？」
先　生：「それは先生が決めることじゃないんだけどね……」
ふみや：「だからどっちにしたらいいか，わからないから聞いているのに！」
先　生：「だから，先生だったら食べるけど，ふみやくんのことだから，ふみやくんが自分で決めてね！」
ふみや：「やっぱり，残そうかな……」と小さい声で言いながら，お弁当のふたをそーっと閉めていた。

演習課題
①ふみやくんの今の気持ちを考えてみよう。
②子どもに自己決定させる機会には，どのようなものがあるか，考えてみよう。

課題を考えるためのアドバイス

ある活動をする時に，それを自分で選んでやる場合と他人に決められたことを

5

やる場合では，やる気が異なる。自分でこれをやろうと決めた場合には，動機づけが高まる。一方で，自分で決めることができず，他人に決められたことをやるという状況では，やる気が出ないこともある。このように，自分のやることを自分で決められるか（自己決定できるか）どうかは，動機づけと強い関係がある。特にある行動に内発的に動機づけられるためには，それが他人に決められて強制されたものではなく，自分からやろうとする自己決定が欠かせない。しかし，すべての判断を子どもに任せてしまうのではなく，「私だったら，こうするけど……」という考えを示すことも大切である。そのうえで，子どもに自分で考えさせて，子どもが自分で決めることは認めていかなければならない。子どもは自己決定をすることで，自信をもって行動できるようになる。

事例　5-30-1
クラスにとけこめないはるかちゃん　（5歳女児　5月）

はるかちゃんは，保育園ぶどう組（5歳児クラス）に1週間前に転園してきた。はるかちゃんは，父親の仕事の都合で家族と2年間くらいアメリカで暮らしていた。はるかちゃんは，他の子どもとうまくとけこめないで1人でいることが多く，いつも不安な表情をしていた。

5-30-2
小学校になじめないたつひこくん　（小学校1年生男児　5月）

5月のある日，卒園生のたつひこくんが母親と一緒に保育所に遊びに来た。「こんにちは！」とあいさつもしっかりできている。そして，園庭で園児たちと一緒に元気よく遊び，年下の園児たちの面倒もとてもよくみてくれていた。母親は，たつひこくんが小学校に行きたがらず，クラスにもうまくとけこめていないと園長や年長の時の担任に相談に来たのだ。

演習課題

①はるかちゃんとたつひこくんは，なぜクラスにとけこめないのか，その理由を考えてみよう。
②保育者はどのように対応すればよいだろうか，考えてみよう。

課題を考えるためのアドバイス

人生には，入園，入学，卒園，卒業，就職，結婚，引っ越しなどいくつもの節目がある。そのような人生のできごとや移動によって生活習慣が今までとは違う新しい環境に変わることを，**環境移行**という。みなさんが，高校や大学に入学したばかりの時を思い出していただきたい。環境移行は，不安や混乱をもたらす危機的状況になる。一方で，子どもが成長するチャンスでもある。新しい人間関係をつくり，新しい習慣や活動を身に付け，さまざまな能力を伸ばしていくことができる。保育者は，子どもがスムーズに新しい環境に適応できるように支援していくことが大切である。

では，子どもはどのように新しい環境へ移行していくのであろうか。２年保育の４歳児の場合，幼稚園に入園して２週間くらいの間に，保育室や遊具などの幼稚園の物理的環境や，あいさつ，朝の準備など園での基本的な生活習慣になじんでいく。しかし，大勢の仲間との直接の関係や，仲間がいる中での保育者との関係など，対人関係面への適応は比較的時間がかかるようである。

また，たつひこくんのように，保育所や幼稚園から小学校へ入学した時に，不適応を起こすことが増えており，**小一プロブレム**と呼ばれている。比較的自由で，個人的支援が多い保育所や幼稚園から，集団行動が多く，多くのルールに従わなければならない小学校への移行は，子どもにとって大きな課題である。保育者は，在園の子どもたちだけでなく，卒園した子どもが小学校でうまく適応できるように，小学校と連携していけるように取り組んでいくことが大切である。

5. 遊びの発達と保育実践

事例 5-31

ひとり遊びに夢中になる　（5歳児）

けいくんは，体を使った遊びが大好きである。気の合う友達と鬼ごっこやサッカー，リレーごっこを楽しむ姿が見られる。ある日の降園前の自由遊びの時，数名の友だちと一緒に自由画帳に絵を描く姿が見られた。けいくんは，恐竜の絵を何枚も描いていたようである。数名の友だちと「けいどろ」*をしていたゆうたくんが「一緒にやろう」と誘ったが，「今日はいい」と断り，恐竜を描き続けている。一緒に絵を描いていた友だちも違う遊びに転じたが，けいくんはマジックで恐竜に色を塗っていた。今度は，おままごとをしていたののちゃんが，「けいくん，お兄ちゃんになって」と誘ったが「あとでね」と言った。5分ほどして，ののちゃんが「まだ？」と聞くが，けいくんは返事をしない。ののちゃんは，「先生，けいくん，『あとで』って言ったのにうそついた」と保育者に訴えた。保育者は「今，けいくん，遊んでるみたいね，もう少し待ってみたら」となだめた。その後，描いていた恐竜の絵をはさみで切り取り，保育室の隅に行き，2匹の恐竜を手に持ち，「だめだ，やられる」，「肉食獣のほうが強いはずだ！」などと言いながら，ひとり遊びを続けていた。このひとり遊びは，降園時まで続いた。

演習課題

この日，ひとり遊びしかしなかったけいくんだが，仲間と離れてひとりで遊ぶことは，発達にとってどのような意味をもつか，考えてみよう。

課題を考えるためのアドバイス

5歳児は，友だちと遊ぶことが楽しく，気の合う友だちと思い切り遊ぶことができる年齢である。集団の中にいてもなかなか友だちとかかわって遊ぶことがで

＊けいどろ：逃げる役（どろぼう）と捕まえる役（けいさつ）に分かれてグループで遊ぶ，鬼ごっこの一種。「けいさつ」役が「どろぼう」役を追いかけて「ろうや」に捕まえる。

きない子どもがいると，心配になり，何かしらの援助をと考えがちである。特に集団遊びでは，人間関係を調節していくという能力が必要とされるため，幼児期にこの楽しさを経験することの大切さは容易に理解できる。しかしながら，集団遊びには集団遊びの楽しさや機能があるように，ひとり遊びにはひとり遊びならではの楽しさや機能がある。ひとり遊びであっても，集団遊びであってもまず，「思い切り，遊びに没頭する」ことが重要なのである。

パーテンの分類[1)]によれば，ひとり遊びは，社会的にレベルの低い遊びである。しかし，年長児であってもひとりで集中して絵本を読んだり，何かをひたすら作っている様子は頻繁にみられる。それでは，ひとりで遊ぶことは本当に社会的なレベルの低さの兆候といえるだろうか。ムーアらは，幼児の遊びを調査し，目標志向的・教育的な遊び（ブロック遊びなどの構成的な遊び）では，年長児でも50%がひとり遊びをしていたことを発見した[2)]。すなわち，パーテンが論じたように，必ずしもひとり遊びが社会的・認知的にレベルの低いものであると単純にはいえないのである。保育者は，ひとり遊びも尊重していくことが必要である。

事例 5-32
一緒に遊ぼう　（３歳児）

なおちゃんは砂場で砂を掘ったり，お茶碗に砂をつめたりするのが楽しく，ひとりで遊んでいる。えみちゃんがそばで山を作って遊んでいる。ゆいちゃんもえみちゃんの隣で自分の山を作り始める。保育者が「一緒に大きな山を作ろう」と誘うと，子どもたちは一緒に大きな山を作り出した。まさくん，よしくんも「入れて」と寄ってきた。みんなで山を作ったが，まさくんが「やっぱり川も作ろう」と提案し，川を作り，最終的には子どもたちだけで１つの町を作りだした。

演習課題

保育者が中に入ってかかわる意義を考えてみよう。

課題を考えるためのアドバイス

一見同じことをしているように見えても相互交渉は見られない。しかし，たとえ相互交渉がなくてもお互いがまったく無関係に遊んでいるわけではない。保育者が一緒に遊び出すと，「何か楽しそうなことをしている」「私もやってみたい」「やってみると楽しい」とはじめに遊んでいる子どもや保育者のまねをして，次の子どもの遊びが成立している。遊びの輪が広がっている。他の子どもや保育者が遊んでいるのをまねすることから遊びが始まっていき，相互交渉にもつながっていくのである。これはひとり遊びから集団遊びへの移行であるが，そこに新たな提案の一言があると，それをきっかけに子どもたちの想像力がふくらみ，次の遊びへと発展していくこともある。ひとり遊びをしている子どもを集団遊びに誘いこむだけでなく，上手なことばかけを行うことでさらに楽しい遊びに集中できることができる。楽しかった経験は，また遊びたいという意欲へとつながっていく。

事例 5-33
料理をするふりをする　（3歳児）

まさよちゃんは，保育室のコーナーにあるテーブルに座り，さきちゃんに「おなかすいたなー」と話しかける。さきちゃんは，「おなかへったの？　なにか作ってあげようか？」と言うと，まさよちゃんは，「え，ほんと？　それじゃあ，おみそしる作って」と言う。さきちゃんは，「え？　おみそしる？　いいよ。まっててね。いまニンジン切るから。トントントン……」と左手の人差し指をニンジンに，右手を包丁に見立てて調理をするふりをしている。そして，まさよちゃんに，「あ，そこにあるおわんとって」と言うと，まさよちゃんは，「はい」と返事をし，両手をおわんの形にして，「どうぞ」と渡すふりをした。さきちゃんは，「ありがと，はい，おみそしるできたよ。熱いからふーふーしてね。はいどうぞめしあがれ」と箸を両手で持っているふりをし，まさよちゃんに渡すふりをした。「わーい！　おいしそう！　いただきまーす。ああおいしかった」とまさよちゃんは，おみそしるを食べるふりをしていた。

演習課題
このやりとりで子どもは何を学んでいるか，考えてみよう。

課題を考えるためのアドバイス

想像力は遊びを通して飛躍的に発達する。子どもは１歳を過ぎるころから見立て遊びを始める。積み木を電車に見立てて，床に「がたんごとん」滑らせて遊んでいる。この時，積み木は，今ここにない電車の代わりをしている。これは，実際の電車が，子どもにイメージとして取り込まれ，そのイメージを目の前にある積み木を使って想起しているのである。ここには「実際の電車―イメージの電車―積み木」の三項関係が成立している。この時，積み木は電車のイメージに置き換えられているので，この働きを**象徴**と呼ぶ。見立てる対象物として自分自身の身体を利用するのがふり遊びである。ここではお母さんのふり，料理をしているふり，みそしるを食べているふりをしている。そして，３歳児ではこのふりを他者と共有して，ふりをする役割を分担して，ごっこ遊びに熱中し始める。想像力なしには遊びは成立しないし，遊びによって想像力は鍛えられていくのである。

事例 5-34 おすし屋さんごっこ（４歳児）

自由遊びの時間，あるテーブル（５名で座っている）で，げんくんが粘土でおすしを作っていた。同じテーブルのさらちゃんが「それ，おすし？」と聞くと，「そう，イクラ」とげんくんが答えた。「私もおすし作ろう」と言って，色画用紙をはさみで切り，おすしをつくった。他の子どもも「自分も作ってみる」と言い出した。そのテーブルでおすしを作っているのを見た他の子どもも，「作りたい」と言い出したことから，みんなでおすし屋さんごっこをしようということになった。ハンバーグを作ったさらちゃんにげんくんが「おすし屋さんごっこなんだから，ハンバーグはないよ」と言うと，「えー，回るおすし屋さんで食べたことあるよ」とさらちゃんが言った。「じゃ，回転すし屋さんね」「(ウレタンブロックを指さし）あのブロックの上が回るってことね」「じゃ，あれ，長丸にしてくるね」と本格的になってきた。しばらくすると，ゆきちゃんが「たまごに海苔をつけたいから，黒い画用紙をください」と保育者に言いに来た。保育者が「黒い画用紙はないよ」と言うと（本当はあるのだが），ゆきちゃんは「えー，なんで」とふくれっ面をして言った。これを聞いていたげんくんが「じゃ，白いのを黒いマジックで塗ればいいじゃん」と提案した。ゆきちゃんの表情がパッと明るくなった。

演習課題

保育者はなぜ黒い画用紙はないと言ったのか，考えてみよう。

課題を考えるためのアドバイス

想像力を働かせながら遊びを楽しむために子どもはどのような工夫をするであろうか。ままごとをする時，バケツに砂を入れて水を混ぜ，ひっくり返して型を取り，葉っぱや小枝を拾ってきてその上にのせ，ケーキを作ったり，大きな葉っぱを皿に，小枝を箸に見立てたりして遊んだことはないだろうか。何かを何かに見立てて遊ぶことで想像力が育まれる。子どもどうしがうまく遊んでいる時には，見守ることも子どもの遊びを継続し発展させる保育者の援助であるといえるだろう。

事例　5-35-1
はないちもんめ　（4歳児）

「勝ーってうれしい　はないちもんめ」「負けーてくやしい　はないちもんめ」と4歳児のクラスみんなで遊んでいた。そのうちに，わかこちゃんのチームが2人になってしまった。そうすると，わかこちゃんが，「もうやめた！」と怒った顔で，遊びから離れてどこかへ行ってしまった。1人残ったさとこちゃんも走っていってしまった。後に残った子どもたちは，ぼう然と走って去った友だちのほうを見ていた。これで1チームになり，はないちもんめはできなくなってしまった。

演習課題

このような場面になった時，保育者として，わかこちゃん，さとこちゃん，残った子どもたちにどのようなことばをかけるか，考えてみよう。

5-35-2

はないちもんめその後 （４歳児）

その後，保育者は，他の子どもたちがどのようにするか，様子を見ていた。黙って見ていた他の子どもたちの中の１人が，「わたしがなってあげる」と反対のチームになり，帽子の色を替えた。それを見て，「わたしも」，「わたしも」，「ぼくも」と，みんなが帽子の色を替えてしまって，また，同じチームばかりになってしまった。みんなは顔を見合わせてニッコリしていた。そうすると，ゆうやくんとじゅりちゃんが，また帽子の色を元に戻して２チームになり，遊びが始まった。保育者は，わかこちゃんとさとこちゃんがもどってくるかな？　と様子を見ていた。

演習課題

保育者はなぜこのような対応をしたのか，考えてみよう。

課題を考えるためのアドバイス

４歳児は自分の思いどおりにならないと，すぐに遊びから抜けてしまうことがよくある。子どもどうしで遊びを進めていくようになった時期に，この事例のようなことがたびたび起きる。この時，保育者はどこまで遊びの中に介入するかが問題となってくる。見守っているのがよいのか，子どもたちに話し合うようにさせるのか，遊びから抜けた子どもたちに注意するのか，などいろいろなことが考えられる。

事例 5-36
友だちと遊びたい！　（4歳児　6月）

「先生，お友だちが遊んでくれないの」と，えりちゃんが泣きそうな顔でやってきた。「誰と遊びたいの？」と尋ねると，えりちゃんは「あそこ」と指さした。そちらを見ると，ふみちゃんとじゅんこちゃんが2人で楽しそうにブロックで遊んでいた。保育者が「いっしょに遊ぼうって言ってみたら」と言うと，えりちゃんが「言ってもダメって言うもん」と答えた。保育者が「もう一度，言ってごらんよ」と言うと，えりちゃんは，「いれてー」と勇気を出して言った。するとふみちゃんとじゅんこちゃんは，ニッコリして2人で顔を見合わせてうなずき合い，声をそろえて「だーめーよ！」と言う。そこでえりちゃんもまた，「いーれーて！」と。すると「だーめーよ！」。それから「いーれーて！」「だーめーよ！」と節をつけて，3人のかけあいが始まった。何度も繰り返すうちに，3人でニコニコ笑って，いつのまにか仲良くブロックで遊んでいた。その後，ふみちゃんとじゅんこちゃんは，ほかの遊び場でも楽しそうに「だーめーよ！」を繰り返していた。

演習課題

①いつも「遊んであげない」「入ったらダメ」と言う子どもがいたら，どのように対応するか，考えてみよう。

②子どもの仲間入りのことばを集めてみよう。

課題を考えるためのアドバイス

仲間遊びにおいて，子どもは初めからその仲間の成員であることもあれば，途中から**仲間入り**することもある。仲間入りに成功しなければ，その後の仲間との相互作用の機会はないため，仲間入りの能力は仲間遊びにとって重要である。子どもは仲間入りの際，「いーれーて」と独特のイントネーションで仲間に入りたい要求を示すことがみられる。すると多くの場合，「いーいーよ」と同じように独特のイントネーションでの返事が返ってくる。無藤は，この「いれて」が子どもの世界において有効な仲間入りの方略であるとした[3)]。子どもはこの独特なイントネーションの「いれて」が子どもの世界においては有効であることを学んでいるのである。

6. ことばの発達と保育実践

事例 5-37
犬もニャンニャン？　（０歳男児）

喃語（なんご）が上手になってきたりょうくんが，父親に連れられて登園してきた。保育者の顔を見たとたん，「ぱぱぱぱ」と言ったので，「そうだねー，パパ〜だね〜，今日はりょうくん，パパと来たのね」と声をかけた。保育者は，りょうくんをだっこして，父親を見ながら「パパ〜，バイバイ」と手を振った。りょうくんは母親にも「パパ」と呼びかける。保育者は「ママだったね」とそのたびに応じていた。また，白い猫を見て「ニャンニャン」，そして白いふさふさした犬を見ても「ニャンニャン」，白い毛糸，白い壁を見ても「ニャンニャン」と言っていた。

演習課題

りょうくんは，なぜ父親や母親を見て「パパ」，猫，犬，白い毛糸，白い壁を見て「ニャンニャン」と言ったか，考えてみよう。

課題を考えるためのアドバイス

喃語が出はじめた子どもは，「ぱぱぱぱ…」などとしきりに声を出し，音を楽しんでいる。たまたま声に出した無意味な音が，意味のあることばに似ていると，おとなは「そうだね。ニャンニャンだね」「ニャンニャン白いね。かわいいね」等とことばを補って対応する。これが報酬となって，ほめられたことを喜び，喃語は徐々に意味をもったことばとなり，会話の喜びを感じることができる。ことばを話すためには，「先生とおしゃべりしたい」という気持ちが大切であることはいうまでもない。愛着形成がされた中で，誰かとおしゃべりすることが楽しいと思えるような環境づくりをしてほしい。

事例のような語の使い方（般用）をなぜ子どもはするのであろうか。子どもが使用することができる語彙はまだ少ないのに，語をどこまで広げて使ってよいかわからないで，あれこれ試しているのではないだろうか。おとながモノを指さして「これは○○」と言っても，この○○がどんな意味を示しているかは，いろいろな可能性があったと考えられる。子どもの語彙獲得は，試行錯誤を繰り返して学んでいくのである。

事例 5-38
水遊び　（10か月男児）

10か月を過ぎたりゅうせいくんは，今日も水道を指さして「ンー，ンー」と，保育者に訴えている。保育者が，「おみずジャーしたいの？」と返答すると，りゅうせいくんは「ンッ，ンッ」と満足そうな表情である。このごろのりゅうせいくんのお気に入りの遊びは，水道から出てくる水をさわることである。毎日，毎日，手や足が冷たくなっても飽きずに水道から出てくる水をさわり，身体で感触を楽しんでいる。この時，保育者の「おみずよ，おみず」「おみず，きもちいいね」を聞きながら，手に水をあてているりゅうせいくん。そして，りゅうせいくんが水をつかもうとしているが，つかめない様子を見て，「おみず，つかめないね。ふしぎだね」と話している保育者。それを聞いて，「ンッ，ンッ」とりゅうせいくんは答える。このかかわりは，りゅうせいくんが水道遊びに飽きるまで毎日毎日続けられた。

演習課題

保育者のことばかけは，りゅうせいくんにどんな影響を与えているか，考えてみよう。

課題を考えるためのアドバイス

10か月の子どもは，指さしや喃語を使ってことばで自分の気持ちを伝える準備段階にある。この時期の子どもは，興味があることは毎日毎日繰り返し，飽きるまでかかわり続ける。指さしはことばの出現の前兆であるといわれているように，りゅうせいくんもまもなく初語が現れることであろう。自分でことばを話せなくても，おとなのことばを全身で受けとめ，心の奥底で感じ取っているのであろう。また，保育者は，子どもの遊びに意味を見いだし，その遊びを無条件で認め，信頼できる存在であることも大切である。その信頼関係のもとに，遊びを安心して飽きるまで続けることができよう。増田は，「"そのときの周りの大人がどんな反応をしたか？" そのかかわり方によって，"子どもの底から湧き出るようなことば" や "感性" の育ち方が違ってくる」と述べている[4)]。保育者の子どもの行為からその気持ちをていねいに読み取り，ことばにして表現するという援助が，子どもの感じる力を育んでいる。

事例 5-39
おままごとは楽しいおいしい（１歳男児）

さとしくん，１歳９か月。家族はさとしくんと両親の３人家族。さとしくんは１歳９か月になってもまだことばが出ない。音は聞こえている様子だが，保育者のことばかけにもあまり興味を示そうとしない。保育所入所までは，祖父母がさとしくんの育児をしていた。両親とも仕事が多忙で，なかなかさとしくんとじっくりとかかわる時間がとれていないというのが現状である。

さとしくんは保育所の中で，いつもおままごとをして遊んでおり，絵本や他のおもちゃにはあまり興味を示そうとしない。保育者は，さとしくんがおままごとをしている時に一緒に食べ物を食べるまね（見立て遊び）をし，「おいしいね」と繰り返し話すようにしていた。しばらくたつと，さとしくん自身が食べるまねをしながら「おいし」「おいし」と話すようになった。そのことばをきっかけに語彙も増え，保育者のことばにも少しずつ耳を傾けるようになっていった。

演習課題

ことばの発達についての事例をあげ，保育者としてどのように働きかけていくか考えてみよう。

課題を考えるためのアドバイス

ことばの発達は個人差が大きく，２歳でもあまり話さない子どももいれば，文法的な間違いはあるものの，かなり複雑な文をよく話す子どももいる。３歳ごろになると，通常，ことばの早い遅いが気にならなくなってくるが，それまでの環境や男女差などによっても，差が認められることもある。２歳前後では，特別な問題がない限り，環境によるところが大きく，特に集団生活では友だちからの刺激や保育者のはたらきかけによって飛躍的に発達する場合も見られる。聴覚や精神発達に問題がないことを確認したうえで保育者どうしの連携で愛情をもった援助をしていくことが重要である。

事例　5-40
お話のルールは？　（３歳女児）

３歳児はお話をすることが大好きである。自分で思ったことはすぐに人に伝えようとする。６月のある日，３日前に行った遠足の話で保育者と一緒に盛り上がっていた。その中で，あいちゃんだけは，「あのね，きのうプリキュアを見た人？」と何回も言ってみるが，誰も質問に答えてくれない。続けて，「あいはプリキュアすき！　プリキュアは……」と昨日見たテレビアニメの場面の話を始めてしまった。しかし，誰もあいちゃんの話を聞いてくれなかったので，「大嫌い」などとみんなを罵倒（ばとう）し，怒り出してしまった。

演習課題

こんな場面の時，保育者はどのように対応すればよいか，考えてみよう。

課題を考えるためのアドバイス

わたしたちが会話する時には，その前提になっているルールがある。まず，話し手と聞き手とがうまく役割を交替しながら話すことが必要であろう。「好きな食べ物は何ですか」の質問に，「いちご」と答えて終わってしまうと，その後の会話は成立しなくなる。ことばが発達していくにつれて，「いちご」と答えた後に「ゆうちゃんの好きな食べ物は何」「チョコだよ」「あ，わたしもチョコすき」「マーブルチョコおいしいよね」……というように，役割が交替することで会話が続いていくのである。また，上記の会話のように話がうまくかみ合っていることも重要で，２，３歳の子どもでは，独り言が交じったり，事例のように自分がイメージしていることだけを話していてはうまく会話は成り立たない。３歳を過ぎるころから会話は上手になるが，子どもどうしとなると役割交替はうまくいっていても，話がかみ合っていないこともよくある。子どもどうしは，会話すること自体を楽しんでおり，こういった楽しさは必要であろう。しかしながら，事例のような場合では保育者がうまくリードし，楽しい会話の経験をさせていくことも必要である。

事例 5-41 絵本読んであげるから （4歳児）

「絵本読んであげるから，おいで」とりかちゃんがクラスのみんなを集めて，絵本の読み聞かせごっこを始めた。いつも読んでくれる先生やお母さんになった気分で，友だちに読み聞かせをしている。読んでもらっている子どもたちも一緒に楽しんでいる。まだ字が読めないりかちゃんだが，保育者に何度も読んでもらっている絵本『きょだいな　きょだいな』（長谷川摂子・作／降矢なな・絵，福音館書店，1988）を，絵を見ながら読み聞かせている。

「あったとさ　あったとさ　ひろい　のっぱらどまんなか　きょだいな　ピアノが　あったとさ」の場面を「きつねは　いったところで　おおきなおおきな　そこでピアノがたっていました」と読み聞かせをしていた。

演習課題

①事例のような子どもの絵本の読みに対して，あなたが保育者であれば，どのような言葉かけをするか，考えてみよう。

②「そんな読み方をしないで，書いてあるとおりに字を読みましょうね」「よく字を見ながら見ながら，ゆっくり読んでごらん！」と保育者が言ったとしたらどうなるか，考えてみよう。

課題を考えるためのアドバイス

子どもは，想像の世界で遊ぶことが好きである。絵本を読むということは，文字を読むことではない。絵本の内容がわかって，その楽しさ，おもしろさを感じることである。文字を早くから教えられた子どもは，文字を目で追うことに一生懸命で，本来の絵本の楽しさを感じていないだけでなく，内容も理解できていないことが多い。これは保育現場だけの問題ではなく，家庭教育においても留意すべきことである。文字を正しく読ませることより，子どもの豊かな発想による読みを大切にしたい。

事例 5-42
「なし」と「梨」　（5歳児）

お弁当の時間に，かずくんがりくくんに対して，「今日のデザートな～んだ？」と聞いた。りくくんが「ぶどう？」と答えると，かずくんが「なし！」と大きな声で言った。「あっ，梨か！」と，りくくんが言うと，かずくんは「なしだよ」と得意げに言った。

演習課題

ことば遊びにはどのようなものがあるか，３歳児，４歳児，５歳児というように発達段階ごとに考えてみよう。

課題を考えるためのアドバイス

ことばで自分の気持ちを表現するためには，まず，他者のことばに興味をもち，安定した人間関係の中でコミュニケーションの楽しさを味わうことが大切である。語彙が増えると，読み方が同じでも意味が違うことば（端と箸），さかさに言うと意味が異なることば（ワニと庭），さかさに言っても同じことば（トマト）があることに気づくようになり，ことば遊びを楽しむことができる。絵本や昔話の中には，こういった題材を取り上げた話も多く，子どもたちは楽しみながら語彙を増やし，複雑な文法も獲得していくのである。

事例 5-43
今日何をしたの？（５歳児）

帰りの会の時，保育者が「今日は何をして遊んだのか，お友だちに教えてくれますか？」と子どもたちに言う。「はーい，はーい」と一斉に手が挙がった。「では，砂場で遊んだ人は誰だったかな？」と保育者が尋ねた。するとけんたくん，りゅうじくん，あつやくん，ゆうくんの４人が手を挙げた。保育者は，一番最初に手を挙げたけんたくんに「けんたくん，前に出てきて，みんなに砂場でどんなことをして遊んだか，教えてくれる？」と言った。けんたくんはモジモジしながら前に出てきて，「山を作った」と一言だけ言った。それ以上のことばが続かないのをみて，保育者は「山を作って，どうしたんだっけ？」と促す。「トンネルを掘った」とけんたくん。「トンネルを掘ってどうしたの？」とさらに保育者が聞く。しかし，けんたくんは黙ったままである。しばらく保育者は待っていたが，「けんたくん，ありがとう」と言い，「では，けんたくんと一緒に遊んでいたお友だち，誰かトンネル掘ってどうしたか教えてくれますか」と子どもたちに問いかけた。

演習課題

保育者が問いかけたことばはどのような意図から出たものであろうか。考えてみよう。

課題を考えるためのアドバイス

幼児期の子どもにとって，ことばは何よりも他者とのコミュニケーションのためにあり，自分の思いを伝えたいという気持ちが，話すこと，読むこと，書くことを支えている。伝達の手段としての**一次的ことば**から，児童期には1対多のコミュニケーション・スタイルを特徴とし，自分の学びを振り返る力を可能にさせる**二次的ことば**に移行する。学校教育へつなぐことばを育む保育実践として，一人ひとり遊んだ経験をお互いに知り，クラス全体で共有していくことをねらいに事例のような活動を実践している。友だちの遊びの話を聞くことは，いろいろな遊びにふれる機会ともなる。また，話をしてくれた友だちについて深く知る機会にもなる。しかし，クラスの友だちの前で，自分の経験を順序立てて話すことはそう簡単ではない。保育者の援助（**足場かけ**）が必要である。

（星野美穂子・藪中征代）

【文　献】

1）Parten, M. B. 1932 Social participation among pre-school children. Journal of Abnormal and Social Psychology, 27. pp.243-269.

2）Moore, N. V., Evertson, C. M. and Brophy, J. E. 1974 Solitary play: some functional reconsiderations. Development Psychology, 10(6), 830-834.

3）無藤隆　1992「こどもたちはいかに仲間か否かを区別するか」　科学朝日，52，6，18-23.

4）増田修治　2009『こどもが育つ言葉かけ』　p.16.　ひとなる書房

第6章 保育における発達援助

1 個に応じた保育と発達援助

事例 6-1
体を動かす活動 （4歳男児）

ひろきくんは体を動かす活動の時はきまって集団から離れ，みんなの様子をじっと見ている。保育者は何度か誘ってみたが，ひろきくんはそれまで楽しそうに遊んでいても，体を動かす活動になるときまって，スッとみんなから離れてしまう。保育者は気にはなりつつも無理に活動に参加させることはせず，様子を見ることにした。母親は，「どうしてみんなと一緒の活動ができないんでしょうか」「みんなと一緒に参加できないと，学校へ行ったら困りますよね」と，ひろきくんがみんなと一緒に活動をしないことを心配している様子である。

演習課題
①体を動かす活動時，ひろきくんはどのような気持ちでいると思うか？
②あなたなら，ひろきくんにどのようにかかわると思うか？
③母親の心配にはどのように対応したらよいか，考えてみよう。

課題を考えるためのアドバイス

「体を動かす活動をしない」という傍観の行動を，「見ているだけでしない」ととらえる保育者と，「見ることで参加している」ととらえる保育者では，子どもの行動の評価の仕方は大きく変わってくるであろう。

社会性の発達にともなって，傍観からひとり遊び，並行遊び，連合遊び，協同遊びへというように，少しずつ他の子どもとのかかわりを持つ遊びができるようになっていくが，集団の中でのびのびと活動できる子どももいれば，大勢の中では気おくれして，人が少ないほうが落ち着く子どももいる。育った環境や生まれもった気質によって，社会性の発達には個人差があり，同じ年齢でも他児とのかかわり方は一様ではない。

保育現場では，子どもの思いを尊重しつつ，そのときの状況や子どもの個性を考慮しながら，活動に興味をもてるような声かけや工夫をしていくことが大切になるであろう。

事例 6-2 だっこして　（3歳女児）

みゆちゃんは両親の離婚により保育所に途中入所して間もない女の子である。保育者にだっこやおんぶをせがむことが多く，保育者は「甘えたいんだな～」と思い，できるだけスキンシップをとるようにした。ある日，保育者が泣いている2歳の男の子をだっこしていると，みゆちゃんもだっこをせがんできた。「今はできないの。待ってね」とやんわり断ると，みゆちゃんは床にひっくり返って足をばたつかせ，「やだー，だっこー」と騒ぎ出してしまった。考えてみれば，この間も，やはりだっこしてもらえなかった時，せっかく描いていた絵をビリビリに破いてしまったり，ブロックを投げたりしたことがあったことを思い出した。

演習課題

①床にひっくり返ったり，絵を破いたりしたことについて，みゆちゃんの気持ちを考えてみよう。

②保育者は，甘えを満たしてほしい二人の子どもを目の前にして，困っている。こんな時，あなたならどうするか，考えてみよう。

課題を考えるためのアドバイス

子どもが気になる行動を示す時，考えられる要因は，大きく分けて本人にかかわる問題と環境にかかわる問題の２つがある。前者は気質や社会性のほか，発達障害などで，後者は家庭環境のほか，引っ越しや家族の病気といったストレスのかかるできごとなどである。

気になる行動を見つけると，「子どものために」と思うあまり，すぐに原因を探し，たとえば保護者に改善を要望する，ということがよくあるが，実はうまくいかないことが多いものである。気になる行動は要因がいくつも重なって起こる場合が多いので，あまり原因探しにこだわらず，子どもの観察や家庭での様子の聞き取りなどを通して，今できることを保護者と一緒に考えていきたいものである。子どもが安定するためには，保護者が安定して子どもにかかわれることが一番大切で，保護者の役割は，そのために保護者を支えていくことである。

事例 6-3 保護者の悩み　（4歳男児）

ゆみ先生は，降園時，としくんの母親から「うちの子，どうでしょうか？」と声をかけられた。としくんは先生の話をよく聞き，遊びにも積極的で，保育所での生活の流れにもスムーズにのれていたので，「とても活発で楽しそうに過ごしていますよ」と答えると，「家ではなんか，おどおどしているっていうか……私が叱っちゃうのがよくないんだろうと思うんですけど」「先生，しつけと虐待の違いってなんでしょう？」と言う。ゆみ先生は，としくんの母親は上品でにこやかなお母さん，と思っていたので，意外な感じがしてとまどってしまった。ゆみ先生は，「子育てしていると，イライラすることってありますよね。みやもとさんはいつもにこやかですてきなお母さんだなって思っていたんです。としくんは先生のお話もよく聞いているし，お友だちとも遊んでいますよ。いい子に育っていると思いますよ」と，母親の不安な気持ちをやわらげようとした。「そうかあ，それならいいんですけど」という母親に，「また何か心配なことがあったら，いつでもお話を聞かせてくださいね」と声をかけ，その場を離れた。

しかしそれからというもの，ゆみ先生はとしくんの母親のことが気にかかっていた。「本当はもっと話したいことがあったんじゃないかしら。でもどうやって聞けばいいんだろう」。としくんはその後も特に問題もなく幼稚園に通っているが，ゆみ先生は，あの時の自分の対応でよかったのかわからなくなっていた。

演習課題

①保護者から悩みを相談された時の保育者の態度として，大切だと思うことを思いつくだけあげてみよう。

②虐待を疑うサイン，虐待が疑われる時の対応について調べてみよう。

課題を考えるためのアドバイス

子育ての相談を受ける中で虐待の可能性を疑うことがあるかもしれない。虐待でなくても不安を抱えて子育てしている場合もあり，保護者の発するSOSのメッセージに気づくことが大切である。「虐待はどこにでも起こり得る」という認識で，「何に困っているのか」を中心に話を聞いてみよう。虐待を疑うケースにどう対応するか，園内でも確認しておこう。

事例 6-4
泣いているさやちゃん　（4歳女児）

さやちゃんは夏休み明けから，毎朝，保育所に行く時，「ママとずっと一緒がいいの」と泣いて嫌がるようになった。しかし，母親と離れてしばらくすると泣きやんで，日中は友だちとも遊び，それなりに楽しそうに見える。帰りに母親が迎えにくる時には笑顔で，「先生，バイバーイ！」と元気に帰っていく。それでもやはり朝は「帰らないで」「ずっと一緒がいい」とメソメソ泣いている。

演習課題

①さやちゃんの気持ちや，保育者にできることを考えてみよう。

②登園時に泣いている子どもに，あなたならどんなことばをかけてあげるか。

課題を考えるためのアドバイス

保育所に入ってすぐのころや少したってから，登園を嫌がることがある。理由はさまざまだが，３歳ごろに，母子一体の生活から母子分離へと移行していく時期がやってくることが関係している場合がよくある。

子どもは母親と密着しているが，１人で歩けるようになると母親を安全基地として探索行動を始める。怖いことや不安なことがあれば一時的に母親の元へ戻るということを繰り返しながら，行動範囲を広げる。３歳ごろから，目の前に母親がいなくても母親の存在を確信できる（内在化）ようになり，安定して離れて過ごせるようになっていく。

保育所では，慣れ親しんだ家庭環境とはまったく異なる集団生活の仕方を一から覚えていかなければならないし，他児との間でトラブルでもあれば不安になるが，自分だけの安全基地にすぐに戻ることができない。慎重な子ども，初めての環境で緊張を感じやすい子どもであればなおさら，心細さを感じやすい。あせらず，無理強いせず，少しずつ保育所の生活に慣れていけるようなサポートが望まれる。

安定して通っていた子どもが突然，登園を嫌がるようになった時は，園生活でのトラブルがきっかけであったり，おとなが気づかないところで本人が困っていたりなど，他の理由も考えられるので，子どもをよく観察して，保護者と協力して対応することが大切になる。

事例　6-5
反抗するやすくん　（６歳男児）

やすくんは２歳の時，身体的虐待を受けて保護され，現在は児童養護施設で暮らしている。保育所の保育者の間では，乱暴なことばや反抗的な態度について，話題に上ることがあった。ある時，床に散らばったクレヨンを片づけるように言われたやすくんが「やだ！　ぼくじゃないもん！」とクレヨンの箱を蹴とばした。

保育者は驚いて，思わず「何やってるの！」と大きな声を出した。するとやすくんはさっと棚の裏に隠れて「べーだ，やらないもんね！」と言って，棚の上にあった子どもたちの粘土の作品を「こわしちゃうぞ」と言いながら保育者をにらんだ。保育者は，やすくんとやりとりをしているうちに「なんて反抗的なのかしら」とイライラしてきた。一方でやすくんの反抗的な行動の理由がわからず，とまどってもいた。

演習課題

①さっと棚の裏に隠れて「べーだ，やらないもんね」と言った時，「こわしちゃうぞ」と言ってにらんだ時のやすくんの気持ちを考えてみよう。

②やすくんに対して，あなたならどのように対応するか，考えてみよう。

課題を考えるためのアドバイス

虐待という行為は，子どもの身体面だけでなく心理面をも深く傷つけ，子どもの人生に大きなダメージを与える。虐待を受けてきた子どもの心理の特徴として，「おとなというものは自分を傷つける存在」であり（対人不信が強い），「自分は大切にされる価値のない存在」である（自尊心が低い）との思いがある。行動の特徴としては，わざと人を怒らせるようなことをして「この人は安全か」を確かめるかのような試し行動がよく見られる。おとなはこれを「わがまま」と感じて厳しくしつけなければと思いがちであるが，本当は「また傷つけられるのではないか」という不安を感じているといわれている。

保育現場で問題行動が多いと，担任の保育者が自分の未熟さを感じて悩んでしまうことがある。普段から困ったことを園内で話し合える機会をつくって，1人で抱え込まずに保育所全体で取り組めるようにすることも大切であろう。

事例 6-6
話をしないとおるくん　（３歳男児）

とおるくんは保育所ではまったく話をしない。砂遊びや虫さがしなど，他の子どもたちと同じような場所で同じようなことをして遊ぶが，会話はない。それでも保育者の話はよく聞いていて，言われたとおり行動することはできる。保育者が１対１で遊んでいる時には，何度か笑顔を見せてくれたことがあるが，それ以外は表情が固いような気がする。はじめ，保育者はとおるくんはことばが話せないのだろうか？　と考えたが，母親の話では，家庭では話ができるという。保育所でのできごとや，保育者がこんなことを話していた，というようなことを母親に話しているらしい。

演習課題

①あなたなら，とおるくんにどのようにかかわるか。

②口数の少ない子，引っ込み思案な子に対して，保育者としてどのような配慮ができるか，考えてみよう。

課題を考えるためのアドバイス

人見知りが強い子ども，慣れない場所で緊張しやすい子どもや，まったく話をしない子どもに出会うことがある。話す能力はあるのに，なんらかの心理的な要因から，保育所や幼稚園などの特定の場所ではまったく話すことができない状態は**選択性緘黙**と呼ばれる。ただし，子どもがことばを発しないケースで，聴覚の問題，知的な発達の遅れ，自閉傾向などが原因にある場合もあるので，ことば以外の発達もよくみておく必要がある。

話をする能力はあるが話をしない子どもに，あいさつをするように指導したり，順番に答えるようにして強制的に話す機会をつくるというような対応は，あせらせたり，緊張を高めたりしてますます話しにくくしてしまう。

話をしないことで人とかかわることが少なくなったり，活動に参加できずに体験が限定的になってしまったりなど，本人にとって不利益になるので，話をすることよりも，園でのさまざまな活動に参加できることを目標にサポートしていくことが大切である。

（宮本智美）

2　人間関係の発達と発達援助

1．親子関係

家庭は，子どもが成長し人格を形成していくうえで，最も基本的で重要な場である。家庭において子どもは人間関係のあり方を最初に学び，それを基礎にしてその後の人間関係を広げていく。

家庭において通常，子どもとのかかわりが多いのは母親である。安全と健康に気を配りながら，子どもの動作や声に対して応答的，情緒的なはたらきかけをしてくれる母親との関係が，乳幼児の人間関係のはじまりである。はじめのうち，子どもの行動は母親のはたらきかけに応じたものではないが，母親はあたかもそれを応答的であるもののように受け取り，さらに応答していく。そのような繰り返しの中でやがて子どもはその応答性に気づくようになり，相互発展的な人間関係となっていく。

事例 6-7 親子のやりとり（3か月女児　6月）

けいちゃんは母親に抱かれておっぱいを飲んでいる。けいちゃんがおっぱいを吸うのを休むと母親は「おいしいねえ。いっぱい飲もうね」と優しく声をかけ，ほおをつつく。けいちゃんが気持ちよさそうに声を出すと，母親も「ああ，気持ちいいねえ」と声をかける。

演習課題

このようなおとなから赤ちゃんへのかかわり行動を促進している赤

ちゃん側の要因は何か，考えてみよう。

課題を考えるためのアドバイス

母親が乳児を見つめて声をかけると，乳児は母親に注目し微笑する。乳児は人の声や顔に特別な興味をもって生まれ，生後2～3か月ごろになれば人の顔などの刺激に対して笑うという社会的微笑が見られるようになるのである。また，生後すぐに，母親からのことばかけに呼応するかのように子どもは身体を動かし，それに応じて母親もはたらきかけるというエントレインメント*と呼ばれる相互同期的なやりとりも行われる。子どもが生得的にもっているこのような人に対する反応傾向は，母親からのかかわり行動を促進する。

子どもが主体的，積極的に活動できるためには，自分のことを大切に思ってくれるおとなと安心して過ごせる場が必要である。子どもは，情緒的なコミュニケーションと愛着の形成を通して獲得された心の基地であるおとなに依存しながら，少しずつ他の人々とかかわる力をつけていく。

事例 6-8
安全基地（2歳女児　8月）

あいちゃんは母親と初めて「遊びのサークル」に参加し，広い部屋にある大型の遊具や同年齢の多くの子どもを見てとまどっている。しばらくして慣れてくると母親のひざから離れておもちゃのあるほうへ行くが，他児がそのおもちゃを持って行ってしまうのを見て，また母親のひざに戻ってくる。またしばらく他児の遊ぶ様子を見ていたが，今度は積み木のあるところへ行き，他児が遊んでいる横で積み木を並べはじめる。

演習課題

母親のひざに戻ってきた時，あいちゃんはどんな気持ちであったか。

＊エントレインメント：第3章3自我の発達を参照。

課題を考えるためのアドバイス

移動手段を獲得した子どもは，新奇な物や人に対して好奇心をもって探索しようとする。しかし，身体的苦痛や心理的不安を感じた時には，愛着対象であるおとなが心理的な基地の役割を果たし，子どもはその基地で不快を和らげ，心理的安定を感じた後，再び探索行動を開始するのである。このように，愛着対象であるおとなに対する基本的信頼を支えとして，子どもは外界を探索し，物や人とかかわっていく。

近年では，父親の子育てへの参加が注目されている。しかし，現実には，母親と比べると父親と子どものかかわりは少なく，「保育所の送り迎え」「一緒に遊ぶ」などの短時間のかかわりが多いといわれている。

母親や父親が育児と仕事で疲れ，子どもの行動や気持ちを受け止める心の余裕がない場合には，一緒に遊んでやりたいがそれができない親の気持ちを子どもに伝えたり，親にかかわってほしい子どもの気持ちを代弁したりして，親子をつなぐ役割を保育者が担う場合もある。

2. きょうだい関係

きょうだいは同じ家庭に生まれ，かなり長い期間にわたって生活をともにする。寝起きをともにし，同じものを食べ，共有する記憶を多くもち，日常的な生活経験が重ねられる中で，きょうだいの間には非常に濃密な子どもどうしの人間関係ができる。そして，きょうだいは最も身近な遊び相手であり，行動のモデルであるとともに，自分に注がれている親の関心が取られてしまうのではないかという不安を子どもに引き起こすなど，葛藤を引き起こす存在でもある。

事例 6-9
弟妹がいる子どもの他児へのかかわり　（5歳男児　12月）

りゅうたくんは3人きょうだいで小学1年の兄と3歳の妹がいる。母親は妊娠中でりゅうたくんは赤ちゃんの誕生を楽しみにしている。クラスの中では体が一番大きく，腕力が強く，目立つ存在だが，昼食の時間などに乳児クラスのお手伝いに来る。保育者が「お手伝いありがとう」と言うと，赤ちゃんの手を優しく握りながら，「赤ちゃんには優しくしてあげないと」と真剣な表情で答える。

演習課題

りゅうたくんにどのようなことばをかけるか，考えてみよう。

課題を考えるためのアドバイス

「ほんとね。赤ちゃんには優しくしてあげないといけないね」と年少の子どもへの援助行動を大切に思っているりゅうたくんの気持ちを共感的に認め，「りゅうたくんはおうちでもきっと優しいお兄ちゃんなんだね」と，その状況から予想されるりゅうたくんのきょうだい関係の中での向社会的行動を肯定的に言及してもよいだろう。

親子は，保護し保護される縦の人間関係であるのに対して，友だちは対等にはたらきかけ合う横の人間関係であるといわれる。このような縦から横の人間関係へ円滑に移行するうえで，きょうだいという斜めの人間関係が意味をもつ。家庭ではきょうだいげんかばかりするのに，外に出ると気にかけ合うなど，子どもはきょうだいと時に対等にかかわり，時に親のように保護し援助する。

保育者は，子どもがきょうだいのことを気にかけている言動が見られたらそれを認め，保護者にもそれを伝えて，きょうだい関係を含む家族関係全体が円滑にすすむよう支援することも必要である。

事例 6-10
きょうだいへの気遣い（５歳男児　８月）

けいたくんと４歳の弟のしんやくんは家では物の取り合いや言い合いばかりして困ると母親は保育者によく話す。ある日，母親が「しんやが朝食をあまり食べず元気がないのです」と言いながら２人を保育所に送ってきた。いつもはすぐに保育所の庭で遊ぶしんやくんだが，今朝は保育室の中でぼんやり座っている。け

6

いたくんはいつものように園庭で友だちと遊んでいるが，ときどきしんやくんが気になるのかしんやくんのいる保育室の前に来ては様子をうかがっている。

演習課題

けいたくんにどのようなことばをかけるか，考えてみよう。

課題を考えるためのアドバイス

「しんちゃんは今日はあんまり元気がなくてけいたくんも心配だね。しんちゃんが大丈夫かなって見に来てあげてえらいね。先生もしんちゃんの様子をときどき見ておくから大丈夫よ。けいたくんはお友だちと遊んでおいで」と，きょうだいを心配するけいたくんの気持ちをくみ取ってその向社会的行動を認めることが大切であろう。そして保育者もしんやくんのことを一緒に気遣っていることを伝えて安心感を与え，けいたくんが保育所での活動を楽しむことができるように配慮する。

泣いている子どもを見ればハンカチを差し出すというような向社会的行動のめばえは3歳児にも見られるが，同じ状況であっても自分が思っていることと他者のそれとは違うことがあるという，他者の心の状態の理解は4歳ごろから可能になっていく。保育者は他者の気持ちを配慮する行動が見られたらそれを認め，そのような行動や気持ちが集団生活をしていくうえで大切なことであることを子どもに伝えていくことが重要であろう。

6

3. 仲間関係

子どもたちの多くは，保育所や幼稚園に入ってはじめて同年齢の集団の中で生活しはじめる。それまでに育った家庭内での養育者との間に形成された信頼感に基づく人間関係を基礎として，子どもは対等な立場である友だちとの人間関係をつくっていく。同年齢の仲間は最適のモデルであり，自分が遂行可能な行動が何かを教えてくれる。

子どもの成長とともに，友だちとの人間関係は，その他の日常的な人間関係よりも子どもの生活の中で次第に重みを増していき，人格形成にも大きな影響を及ぼすようになっていく。そして，そのような人間関係の中で，社会生活に必要なさまざまな行動様式を獲得していくのである。

事例 6-11
賞賛の間接的影響　（4歳女児　6月）

ゆみちゃんは，砂場で遊んでいた乳児クラスの子どもがスコップが壊れて泣いているのを見て，自分の持っていたスコップを貸してやる。「わー，えらいね」と保育者がほめると，それを見ていたるみちゃんが遊具置き場に行ってバケツやスコップを取ってきて乳児クラスの子どもに渡す。「せんせい，るみもえらいでしょ？」と保育者に確認を求める。

演習課題

るみちゃんの気持ちを考えてみよう。

課題を考えるためのアドバイス

自分自身への関心や誇りは，自分の行動を他者がどう評価するかということと関係がある。他者から自分の行動が評価されたり賞賛されたりすれば満足が得られ，誇りを感じる。そして，賞賛や叱責（しっせき）はそれを受けた者だけでなく，他者が賞賛あるいは叱責を受けることを観察している子どもにも影響を与えるものである。

同じクラスの友だちが賞賛されたのを見たるみちゃんは，賞賛されていない自分の自己評価を下げないために，他児への援助行動をとり，それを保育者に認めてもらおうとしたのであろう。保育者はそのような気持ちを察したうえで子どもの行動を認めることが必要である。

仲間どうしのかかわりは，おとなとの関係とは異なる。おとなは子どもの欲求や気持ちを配慮し，子どもに合わせた応答をするが，仲間関係では互いが要求をぶつけ合うことが多く，ともに活動するためには行動の調節をしなければならない。遊びを継続させ発展させるためには，自己主張するだけでなく，自分の欲求や感情を抑えることが必要になり，仲間の気持ちに共感したり譲歩したり，順番交代や時間を守ることなどの社会的ルールに従うことが求められる。自分の思いどおりにいかない経験を重ねることで自己統制能力を身に付けながら，子どもは他者への思いやりや責任感などさまざまな社会性を身に付けていく。保育者は，必要に応じて，自ら モデルとなりながら，子どもどうしの人間関係の調整を援助する必要がある。

事例 6-12
自己統制力の獲得 （5歳男児　1月）

げんきくんは，4月の入所当初は1つの遊びに集中できず，順番を守るなどのルールに合わせた行動が苦手で，友だちとのいざこざも多かったが，他児や保育者とのかかわりを通して，少しずつ落ち着いた行動がとれるようになってきた。正月の休み明けにげんきくんが家から紙鉄砲を持ってきて，「お父さんに教えてもらった」と言って鳴らす。大きな音が鳴るのでみんなが寄ってくる。「作り方教えて」とゆうたくんたちが言い，材料置き場からいろいろな紙を持ってきてげんきくんを囲んで作り方を教えてもらうことになった。げんきくんはうまく作れないしげおくんに手助けをする。「みんなで一緒に鳴らそう」とうれしそうにげんきくんが提案し，みんなで一斉に紙鉄砲を振り下ろし，笑い合う。

演習課題

保育者のどのようなかかわりが，げんきくんの自己統制力の発達を支えてきたか，考えてみよう。

課題を考えるためのアドバイス

自己主張を無理に抑えるのではなく，その時のげんきくんの気持ちは認めて言語化するとともに，自己抑制行動が見られたらそれを評価し，げんきくん自身もそれを確認できるようにことばをかける。そして，がまんや譲歩をしなければならない場合もあるが，みんなと一緒に活動することは何よりも楽しいことであると実感できるように保育者はかかわった。

３歳を過ぎると「いや」「自分でやる」などの自己主張，自己発揮行動が急に増加し，おとなは子どもの自我が育ってきたことを喜ぶ反面，言うことをきかなくなってきたことにとまどいを感じる。しかし，その変化がなだらかであるために目立ちにくいが，同時に子どもの自己抑制能力も発達しているのである[1]。保育者が子どものそのような変化を見逃さず，成長を認めることが大切である。

4. 保育者との関係

保育所や幼稚園でさまざまな他者がいる集団生活に入り，家庭とは異なる環境で新たな刺激を受ける子どもたちにとって，まず保育者との信頼関係を形成することが園生活を安定したものにしていくうえで重要である。うれしさや楽しさといった正の感情を保育者に共感してもらうだけでなく，悔しさや悲しさなどの負の感情を保育者に受けとめてもらうことによって，保育者との信頼関係はより強くなる。

事例 6-13
負の感情の受けとめ　（4歳女児　1月）

ゆうこちゃんとまゆこちゃんはブロックで遊んでいた。そこへたつおくんがやってきて，まゆこちゃんが持っていたブロックを取り上げて走って行ったので，ゆうこちゃんが追いかけたつおくんともみ合いになった。ブロックを握って放そうとしないたつおくんをゆうこちゃんはたたき，たつおくんは泣いた。まわりの幼児は「たつおちゃん，かわいそう」と言い，保育者を呼んできた。事情を聞いた保育者はたつおくんに「いたかったね。でもこれはまゆこちゃんが持っていたブロックだよね」と言うとたつおくんはまだ泣きながらうなずき，まゆこちゃんにブロックを差し出した。「ゆうこちゃんはまゆこちゃんがかわいそうだと思って，まゆこちゃんが持っていたブロックを取り返そうとしたんだね」と言われたゆうこちゃんはうなずき，たつおくんに「ごめん」と言った。

演習課題

保育者のことばを聞いた時，ゆうこちゃんはどのような気持ちだったか，考えてみよう。

課題を考えるためのアドバイス

ゆうこちゃんは，まゆこちゃんのことを助けようとたつおくんを思わずたたいてしまい，それがよくない行動であることはわかっているが，まわりの幼児から非難され，自分の気持ちをわかってもらえず悲しく悔しい思いをしていたであろう。しかし，そのゆうこちゃんの気持ちを保育者が言語化してくれたことで不快な気持ちが和らぎ，気持ちに余裕ができたゆうこちゃんは素直にたつおくんに謝ることができた。

保育者は子どもの行動とその時の気持ちを分け，たとえ望ましくない行動であってもその時の動機が愛他的なものである場合にはその気持ちを認め，子どもに対して言語化して返すことが必要であろう。気持ちを認めてもらった子どもは保育者に対して信頼する気持ちをより強める。

子どもたちははじめのうち，保育者を媒介として他の子どもたちとかかわりはじめ，やがて保育者が直接的に介入しなくても，譲歩したり，自己主張したりしながら集団の中で主体的に遊べるようになる。このようにして，まわりの物や人への興味・関心が広がり，友だちと遊びのイメージを共有しともに生活することを楽しむようになる。そうした育ちを支えることが保育者の役割である。

事例 6-14 保育者の模倣 （４歳児　10月）

「先生，探検ごっこしよう」と，虫採り網やスコップやバケツを持ってみなこちゃん，たつおくん，しげみちゃんが保育者を誘いに来た。「帽子をかぶらないと」と保育者が帽子を取りに行くと，子どもたちも慌てて帽子を取りに行く。「では出発，エイエイオー」と保育者が右手を上げると，子どもたちもうれしそうに手を上げる。「隊長，こんなものを発見しました」と保育者が大きな落ち葉をたつおくんに見せるとみなこちゃん，しげみちゃんも集まってくる。それからも，変わった形の石やミミズを見つけてはみんなで見せ合いバケツに入れていく。それから数日は「エイエイオー」と保育者のかけ声をまねては，子どもたちどうしで探検ごっこが続いた。

演習課題

保育者の模倣をする子どもたちの気持ちを予想してみよう。

課題を考えるためのアドバイス

発達的には，一般に，目の前にモデルがいてその言動を模倣する即時模倣に次いで，モデルがいなくなってからその言動を記憶として保持し，一定時間をおいてそれを模倣する延滞模倣が出現する。このような延滞模倣が可能になることは表象機能の獲得を示している。みなこちゃんたちは，保育者と一緒に探検ごっこをしているイメージを共有し，ごっこ遊びを楽しんでいるのである。また，信頼関係が築かれた保育者の言動であるからこそ，子どもたちの模倣の対象となったと思われる。

6

3　発達の課題に応じた発達援助

1. 発達課題

事例 6-15
まだ歩けない　（1歳7か月女児　1月）

ゆみちゃんは独歩，初語ともにまだ達成できていない。現在は伝い歩きをしている。先天性白内障で通院中。目はうつろな感じで視線は合いにくいが，絵本は好きらしく，目をかなり近づけて自分でめくって見ている。一人っ子であり，近所に同年齢の友だちはおらず，家の中で母親と2人で過ごすことが多い。

演習課題
ゆみちゃんが歩行という発達課題を達成するためにどのようなことに留意して発達援助をするか，考えてみよう。

6

課題を考えるためのアドバイス

ゆみちゃんは先天性白内障というハンディはあるが，絵本に興味を示すなど，環境へかかわろうとする意欲は年齢相当であると思われる。歩くことだけを促すのではなく，一緒に絵本を読んで興味や関心を広げたり，他児とかかわる経験をさせたりする中で「歩きたい」「もっと活動したい」という意欲を高めながら歩行への促しをすることが大切である。

発達課題が達成されていない場合にはできるだけ早くそれを把握し，その子どもの状況に合わせて指導していく必要がある。乳幼児健康診査や発達相談では発達検査を実施し，具体的な養育指導に役立てている。

保育者は，子どもたちの発達課題が何であるかを理解しておかねばならないが，個人差にも配慮し，達成できない課題だけでなく達成できている課題を認め，子どもの自己評価が下がらないよう援助することが大切である。同様に，保護者に対しても，子どもが達成できている課題も伝え，育児への意欲が下がらないように配慮しなければならない。

事例 6-16
ことばがおそい （1歳7か月男児　4月）

しんくんは初語がまだ出ていないが，声はよく出ている。一人っ子。公園へはよく行き，顔見知りになった子どもを見つけると寄っていき，一緒に遊ぶ。母親は，しんくんは家では一人遊びをよくするので放っておくことが多く，ことばかけは少ないと話す。しんくんを公園に連れて行くなど母親なりに努力しているが，そのほかに何を教えてやればいいのかわからないと言う。また，「この子はことばがおそく，普通の子よりもかなり劣っている」と話し，育児への積極的な意欲は感じられない。

演習課題

しんくんの母親の育児に対する意欲を高めるためにどのような助言をするか，考えてみよう。

課題を考えるためのアドバイス

ことばが出るためにはまず何かを伝えたいという気持ちが育っていることが重要である。しんくんは声がよく出ており，他児を求める気持ちも育ってきており，初語が出るための準備はできつつあることを伝える必要があろう。そのうえで，発達には個人差があるが，どのような発達においても環境の影響は大きく，子どもの気持ちをことばにしてやるなど，ことばをかけることを増やすことが，言語理解および表出のいずれの発達においても大切であることを伝える。

2. 発達検査

発達検査は子どもの発達状態を調べる心理検査であり，通常，運動，認知，言語など，複数の領域から構成され，領域によって発達の遅れやばらつきがないかどうかを調べることができる。発達検査には，その子どもに実際に課題を遂行させるものと，子どもの日ごろの行動をよく観察しているおとなが質問紙に記入するものがある。たとえば，質問紙形式の発達検査の１つであるKIDS乳幼児発達スケール*では，「運動」「操作」「理解言語」「表出言語」「概念」「対子ども社会性」「対成人社会性」「しつけ」「食事」の９つの領域から乳幼児の発達状況を知ることができる。９つのそれぞれの領域に関する質問項目に対してできるかできないかを回答し，領域ごとあるいは全体での発達年齢や発達指数を算出するのである。

発達指数の算出方法は以下のとおりである。DQ100が生活年齢相応である。

発達指数（DQ）＝発達年齢（発達検査で算出された年齢）÷生活年齢×100

保育者は，発達年齢や発達指数のみから「おくれている子」ととらえるのではなく，検査結果全体のプロフィールを見て，その子どもの得意な領域とそうでない領域を理解し，できることを認めながら，できない部分をくりかえし指導することが大切である。

事例 6-17 発達のプロフィールの異なる子ども　（３歳児）

３歳８か月のゆきおくんと３歳７か月のひでおくんはKIDS乳幼児発達スケール（タイプT）の表出言語領域の発達年齢はともに２歳１か月である。しかし，ゆきおくんはその他の領域も全般的に低く総合発達指数が75であるのに対して，

＊KIDS乳幼児発達スケール：約130項目からなる質問について，乳幼児の日ごろの行動に照らして○×式で回答。1989年，全国の乳幼児約6,000名によって標準化された新しい検査。乳幼児の自然な行動全般から発達をとらえることができ，領域別評価（運動・操作・理解言語・表出言語・概念・対子ども社会性・対成人社会性・しつけ・食事）の示されない他の知能検査等の補助検査として活用することができる。

ひでおくんは言語にかかわる領域は低いもののそれ以外は年齢相当であり，総合発達指数は96である。

演習課題
ゆきおくんとひでおくんのそれぞれの発達の見通しについて予想しなさい。

課題を考えるためのアドバイス

ひでおくんのように，ことばにかかわる領域のみがおくれている場合には，おとなからのことばかけが少なかったり，ことばで自分の要求を表現する前におとなに要求を満たされ，ことばを用いる機会をあまりもたずに過ごした経験をもっていることが多く，養育者からのかかわり方を変えたり，集団保育の場に入るなど，環境を改善することによって発達の伸びを示すことが多い。

しかし，ゆきおくんのように，言語を含めて全般的に未達成課題が多い場合には，専門機関での診断・治療が必要になることがある。ゆきおくんもその後，医師の診断を受け，療育教室に参加するようになった。ゆきおくんのようなケースでは，保育者は専門家と保護者をつなぐ役割をもち，子どもを支援していく必要がある。

(1)　運動の発達

運動の発達は，「歩く」「走る」といった全身を使った運動である粗大運動と，「積み木を積む」「丸をかく」といった手指を使った運動である微細運動に分けられる。頭部から尾部へ，中心から末梢へという運動発達の方向性はあるが，はいはいをしない子どももいるなど，子どもの運動発達には多様な個性がある。

事例 6-18
お絵かきをした経験がない（2歳7か月男児　3月）

家の中は整然と片づいており，遊びざかりの子どもがいるといった印象を受けない。かずおくんの起床時間は一定ではなく，午前10時ごろまで寝ていることも多い。家で母親といることが多く，ビデオをよく見ている。マンションの遊び場などで遊ぶ友だちはいるが，限られているらしい。2語文がまだ言えず，ぐるぐる丸は描けない。部屋が汚れるのが困るので，お絵かきはさせていないらしい。

演習課題

お絵かきをすることも発達において大切なことであることを保護者にどのように説明するか，考えてみよう。

課題を考えるためのアドバイス

描画はなぐり描きの段階から図式的な絵の段階，そして写実的な絵の段階へと発達する。なぐり描きなど，一見したところ無意味に見える絵であっても，子ども自身には何らかの意味をもつ場合もある。子どもは，いろいろなものを見たり，人とかかわったりする中で感じたこと，考えたことを含めて，そのイメージを描画によって表すようになっていくのであり，描画行動には視覚と手の運動だけではなく，子どもの心と体の発達が示されている。子どもの発達は運動，認知，言語，社会性などがバランスよく伸びていくことが大切であり，お絵かきも含めてさまざまな経験をさせる必要があることを話す。

(2)　ことばの発達

子どもの発することばの数が他児に比べて多かったり少なかったりすることは目立つため，ことばの問題は言語表出面に注目されがちであるが，ことばの発達には，言語表出面と，「『ブーブはどこ？』とたずねるとそちらを見る」といった言語理解の発達との両面がある。言語理解ができていなければ言語表出もすすまない。また，ことばの部分だけを伸ばそうとするのでなく，さまざまな経験をしながらその子どもの意欲も含めた全体的な力が伸びていく中での言語発達を考慮しなければならない。

事例 6-19
ことばがおそい　（２歳男児　10月）

なおきくんは初語がまだ出ていない。一人っ子。普段は家の中で母親と２人で遊ぶ。概して無表情であるが，相談室では興味深そうに歩き回り，そろえたカップを投げてバラバラにしては担当者と声をあげて何度も笑う。母親は第２子を妊娠中であり，なおきくんにビデオを見せておいて自分は家事をすることが多く，なおきくんに対することばかけは少ないらしい。夫も物静かな人らしく，夫婦間の会話をなおきくんが聞く経験も少ないという。近所になおきくんと同年齢の子どもはいるが，母親どうしが親しくしていないことから，遊ばせることがない。

演習課題

なおきくんが保育所に入所し，あなたが担任になった場合，どのようにかかわればよいか，考えてみよう。

課題を考えるためのアドバイス

子どものことばの部分だけを伸ばそうとするのではなく，その子どもの全体的な力が伸びていくようにさまざまな経験をさせること，子どもが保育者に何かを伝えたいと思うような，共感し合える関係をつくること，および子どもが他児とのかかわりの中で「ぼくもやってみたい」「わたしも言いたい」と思えるような関係ができるよう配慮することが重要であろう。

幼児期におけることばの問題において発達相談の対象となることが多いものとして，「ことばがおそい」の他に「ことばがつまる」「発音が不明瞭である」があげられる。子どもは理解する力が伸び，自分の言いたいことや聞いてほしいことが多くなるが，ことばでそれを表現する力がまだそれほど獲得されていないために，発音に支障が出やすいのである。

事例 6-20
発音が不明瞭　（2歳9か月女児　9月）

えいこちゃんはさ行の発音が不明瞭で，特に「シ」の発音が苦手である。「押して」を「オキテ」，「知ってる」を「キッテル」と言う。弟がほしがると自分の積み木を渡すなど，おとなしい。言語理解および表出は年齢相当。母親は発音を注意する回数があまり多くならないように気をつけているという。

演習課題
えいこちゃんへどのようにかかわればよいか，考えてみよう。

課題を考えるためのアドバイス

発音の間違いや不明瞭さを叱らないことや，発音を矯正したり，言い直させたりしないことが大切である。そのようなことをすると，話す意欲を低めてしまう場合がある。ことばをかける時は子どもの目を見て，「安心してゆっくり表現してよい」ことを体全体で子どもに伝え，あせらせずに共感的に聞くことが必要である。

(3)　社会性の発達

子どもははじめ最も身近な養育者との間に基本的信頼感に基づいた関係を築き，それを基礎にして他児やほかのおとなとの関係を広げていく。養育者との間にこのような関係が築かれても，一人っ子で昼間は養育者と2人だけで家の中で過ごすことが多く，他児とかかわる機会が少ない場合には，社会性の発達はすすみにくい。保育所や幼稚園に入る子どもたちの中には，それまでに同年齢の他児と遊ぶ経験をあまりもっていない子どもがいる。そのような子どもたちは，はじめて同年齢の大勢の子どもに接してとまどい，自己発揮しすぎたり，いざこざを経験したりしながら，試行錯誤しつつ社会性を獲得していく。

幼児期の子どもは，自分のしたいことを主張したり，いやなことは拒否したりするというような行動が急に増えるために，自己主張する力の伸びが目立ちやすいが，順番を待つ，ルールを守るなどの自己抑制する力も同時に，しかし，なだらかに伸びることがわかっている[1]。保育者はこのような社会性の発達のみちすじを理解し，望ましい行動をとった時にはそれを認め，時には子どもの気持ちを代弁し，社会性を獲得しつつある子どもたちを見守る必要があろう。

事例 6-21 他児と遊んだことがない（1歳8か月男児　2月）

かずおくんは現在，2語言える。一人っ子であり，近所に同年齢の子どもがおらずほとんど家の中で遊んでいる。生まれた時からずっと病院にかかっていたこともあり，両親から過保護に育てられてきた。対子ども社会性の課題に関しては，同年齢の子どもとおもちゃのとり合いをしたり，おもちゃを貸したりすることができない。KIDS 乳幼児発達スケール（タイプB）対子ども社会性領域の発達年齢は1歳1か月である。

演習課題

かずおくんが保育所に入り担当保育者となった場合，どのようなことを事前に保護者に伝えておくか，考えてみよう。

課題を考えるためのアドバイス

保育所に入ってすぐは他児とのかかわり方にとまどい，保育所に行くことを嫌がることがあるかもしれない。しかし，他児とかかわることの楽しさと難しさをともに経験していくことが社会性の発達につながるので，できるだけ通所を促してほしいことや，園での様子と家庭での様子を伝え合い，かずおくんへの対応に一貫性をもたせることが大切であることを話し，保護者との信頼関係を形成することに努める。

社会性とは何かについてはさまざまな考えがあり，発達研究では，人が物との関係ではなく人との関係をもつことができることを社会性とよぶ[2)]。一方，特別支援教育の領域において，子どもの社会性を測定するために用いられる**S-M 社会生活能力検査**＊は，「身辺自立」「移動」「作業」「意思交換」「集団参加」「自己統制」の６つの領域から構成されており，社会性はより具体的にとらえられている。

自閉性障害や**アスペルガー症候群**などの発達障がいの子どもたちは，「友だちと協力して遊べない」「感情を共有できない」など，社会性に問題をもつ。このような子どもたちに対して社会性の適応を改善するために**ソーシャルスキルトレーニング（SST）**＊が用いられる場合がある。最近は，少子化や地域内コミュニケーションの低下によってソーシャルスキルを学習する機会が減少し，ソーシャルスキルの欠如によって仲間関係がうまく形成できず社会的不適応を示す子どもが，特別支援を必要とする子ども以外にも増えている。保育者は，近年の子どもを取り巻くこのような状況を理解し，社会性の発達を援助していく必要がある。

事例 6-22
親の言うことをきかない（４歳11か月女児　５月）

きみちゃんは検査場面では無表情で何を聞いても答えない。家では大声でしゃべり，一人っ子で，母親によると女王さまのようだという。保育所には２歳前から通っているが，４月に担任が替わってから行くことを嫌がるようになった。友だちとはうまく遊べていない。母親は家業の手伝いに忙しく，３歳児健診に連れ

＊ S-M 社会生活能力検査：社会生活能力の測定を通して，子どもの社会生活に必要な基本的な生活能力の発達を明らかにすることを目的とした検査である。

＊ ソーシャルスキルトレーニング（SST）：学習理論に基づく技法のことであり，ソーシャルスキルを次のような流れで獲得することをねらっている。具体的には，①インタラクション，②モデリング，③リハーサル，④フィードバック，⑤定着化，である。

て行くことも忘れてしまうなど，きみちゃんのことまで手がまわらないといった感じである。検査項目についても「見たことがありません」「わかりません」と言うことが多い。

演習課題

きみちゃんが家で勝手気ままにふるまうのは，どのような気持ちからだと思うか。

課題を考えるためのアドバイス

母親が仕事で忙しく自分にかまってくれない不満や寂しさからきみちゃんのそのような行動が生じていることが予想される。母親にもっとかかわってほしいというきみちゃんの気持ちを保育者が代弁して母親に伝えたり，母親は忙しくてきみちゃんになかなかかまってやれないが，きみちゃんのことを大事に思っていることを保育者がきみちゃんに伝えるなどして，保育者が親子の関係をつなぐ役割を果たすことも必要であろう。

(4) しつけ・食事

少子化が進み，家庭や地域内での教育力が低下しているといわれる状況の中で，子どもの育ち方の傾向として，コミュニケーション能力の低下とともに基本的生活習慣が身に付いていないことが指摘されることが多い。朝食をきちんと食べることや早寝早起きの習慣などは，就学に向けて規則正しい生活をして学習をする準備態勢を整えるという意味においても必要である。

基本的生活習慣を身に付けることが重要なのは，そのような行動ができることによって生活が便利になるためだけではない。「パジャマを自分で着る」「お箸を使える」という課題が達成され，まわりからそれを認めてもらうことで自己肯定感，自己効力感を得ることができ，それをもとに意欲的にいろいろな活動に取り組めるようになることが大切である。

保育者は，子どもが生活習慣の達成に失敗することがあっても叱らずにその努力や意欲を認め，達成できた時にはその成果を認めて，成長したことをともに喜び合うことが重要であろう。

事例 6-23
基本的生活習慣（4歳男児　2月）

じゅんやくんは一人っ子であり，近所に同年齢の友だちはおらず，普段は母親や祖父母と遊んでいる。偏食があり，野菜や果物は食べない。自宅が菓子店であり，チョコレートをいつも食べている。母親は過保護であり，食事，歯磨き，おもちゃの片づけなどじゅんやくんの言いなりになっている。「とにかく，泣かれるのが困る」と，祖父母や母親が何でもしてやっているという。2か月後に保育所に入る予定である。

演習課題

じゅんやくんが保育所入所後，担当の保育者となった場合，保護者にどのようにかかわるとよいか，考えてみよう。

課題を考えるためのアドバイス

保育所での生活の中で，偏食が少しでも改善されたり，歯磨きができるようになったり，おもちゃの片づけができるようになるなど，行動の変化が見られたら保護者に伝える。過保護傾向にある保護者は，子どもの生活能力を過小評価していることが多いので，子どもが実際にできることを伝えて，その評価を修正するように促す。特別な配慮が必要な発達的問題をもっていない限り，集団生活の中で同年齢の他児がしている行動に興味をもち，自分もやってみたいという動機づけが高まり，じゅんやくんの行動に変化が生じることが期待される。

3. 発達の最近接領域

知能検査や発達検査では，子どもが独力で達成できることとできないことが測定され，独力で達成できる最大の水準がその子どもの能力とされる。しかし，「独力では達成できないこと」の中には，「その時点では独力では達成できないが，おとなの援助があれば達成できる範囲」と「おとなの援助があっても今の段階では達成がむずかしい範囲」があろう。援助があれば達成できる部分こそ，その子どもが発達しつつある領域であり，その子どもにとって教育的援助が効果的に作用する領域である。ヴィゴツキーは，このような，独力で達成できる水準とおとなの援助があって達成できる水準との差を「**発達の最近接領域**」と呼び，教育とはこのような発達しつつある最近接領域に対して行われるべきものであると指摘した（p.21参照）。

もうすでに獲得されている課題を何度もさせられれば子どもは飽きてしまうだろう。また，到底達成できない課題をさせられることは子どものやる気を低める。発達の最近接領域に含まれる課題は，少しがんばればできそうな課題であり，子どもが「次には自力で解決したい」とやる気が高まる課題でもある。保育者は常に子どもたちの発達の最近接領域を意識し，課題解決への動機づけが高まるよう励ますことが大切である。

事例 6-24
発達の最近接領域　（3歳7か月男児　5月）

新版K式発達検査*には積み木を使った課題がある。家でもジグソーパズルが好きらしく，たつやくんは集中して積み木課題に取り組んだ。2個の積み木を少し間隔をあけて置き，その上に1個の積み木をのせて「家」を作る課題はたつやくんはすぐにできた。次に，積み木を5個使って「門」を作る課題がある。中央

＊**新版K式発達検査**：子どもの発達を〈姿勢・運動（P–M）〉〈認知・適応（C–A）〉〈言語・社会（L–S）〉という3つの領域に分けてとらえ，以下の3つのことをとらえることができる。①領域間の得意・不得意の理解，②課題をどの程度解くことができたかによって各領域および全領域の発達年齢，③発達指数からその子どもの年齢と比較したときの発達の速さ。

の積み木が斜めに浮いてのっていなければならない。たつやくんは中央の積み木が落ちそうになるとすばやく置きなおし，あきらめずに課題に取り組む。検査者が例示すると食い入るように見つめる。結局，「門」の課題は独力では達成できなかった。検査が終わってからたつやくんがもう一度積み木課題をやりたいと言い出した。たつやくんは「家」課題ではなく「門」課題をやりたがった。

演習課題

たつやくんはなぜ，簡単にできた「家」課題ではなく，独力での達成が困難な「門」課題に何度も取り組むか，考えてみよう。

課題を考えるためのアドバイス

たつやくんにとって「門」課題は，今は独力ではできないけれどこの次にできるようになる最近接領域にあり，意欲をもって取り組める課題であったことが予想される。

与えられた課題を達成できない子どもに対しては，どこまでならひとりでできるのかを見きわめ，おとなが少し手助けをすればできる領域を見つけ，達成を援助し励ますことが大切である。同じ年齢であっても発達の最近接領域は同じではない。保育者は，一人ひとりの子どもをよく見て，適切な時期に最良の促しができるようにしなければならない。

4　発達援助における協働

「協働」とは，同じ目的のために，対等の立場で協力してともに働くことである。保育の現場での協働とは，子どもたちの豊かな育ちのために，保育者は他の保育者や保護者，専門的機関の人々と協力することをいうが，特にその重要性が高まるのは，気になる子どもたちへの発達援助を行う場合である。

1. 保育者間の協働

保育所や幼稚園で子どもをとりまく保育者は，年齢も保育経験年数も勤務体制もさまざまであり，保育者はそれまでに受けてきた教育や経験からそれぞれの考えをもって保育に従事している。そのような保育者が協働して子どもたちを援助する際に大切なこととして，それぞれの保育者の知識，技能，考え方の多様性を認めること，対象となる子どものイメージを共有すること，そして，子どもへの対応の一貫性があげられよう。

①保育者の知識，技能，考え方の多様性を認める

年齢や保育経験年数が異なっても，子どもたちにかかわり援助する者としては対等であり，すべての保育者の知識，技能および考え方の多様性が認められ尊重されなければならない。そして，そのことを通してそれぞれの保育者が自分自身におけるそれらを再認識することができる。

②対象となる子どものイメージの共有

子どもをとりまく保育者どうしが情報を共有し，それぞれの子どもがもつ問題，家庭環境，保護者への対応の仕方などについて共通した認識をもつためには，保育者どうしが情報を交換できる場を日常的に設定する必要がある。情報を共有することで子どもの理解はより深くなり，子どもに対して落ち着いた自信をもった対応ができる。

事例 6-25
延長保育での情報交換　（4歳女児　1月）

保護者の仕事と子育てが両立できる支援として延長保育が行われている。延長保育を担当する保育者は，通常保育の保育者から引き継ぎを受け，子どもたちの様子を把握してから保育に入る。あいこちゃんは熱は出ていないが，食欲がなく，いつもはおかわりをする給食を残した。延長保育ではできるだけあいこちゃんを保育者の近くにいるようにさせ，変化が起きたらすぐに対応できるようにした。迎えにきた保護者にはそのことを伝え，あいこちゃんの様子を記録したものを保護者に渡した。

演習課題

保育の担当者はどのような情報を保護者に伝達すればよいか，考えてみよう。

課題を考えるためのアドバイス

体温測定の記録だけでなく，遊びや保育活動での様子など，担当の保育者がいつものあいこちゃんとは違うと感じたところについて伝える。そうすることによって，保護者はあいこちゃんの体調について具体的に理解できるとともに，園に対する信頼感を高めるであろう。

③子どもへの対応の一貫性

子どもについての情報を共有し共通した認識がもてた場合には，子どもたちへの基本的な対応の仕方が園内で一貫したものとなるよう意思統一することが大切である。

事例 6-26
保護者への対応に関する保育者間の連携　（3歳男児　6月）

おうたくんは最近元気がない。4月になって担任が替わり，新しく担任になった新人の保育者に対して母親はあまり話をしようとしなかった。延長保育の後でお迎えに来た母親は前の担任だったかずこ先生とばったり会い，最近転職し，勤務時間が長くなってイライラし，ついおうたくんに当たって叱ってしまうことや，子育てについての悩みを話した。かずこ先生からそのことを聞いた保育者はお迎えの時に母親の疲れをねぎらうことばをかけることやおうたくんの成長を示すような園でのエピソードを母親に話すように心がけた。そうするうちに母親もおうたくんの園での様子を保育者にたずねるようになった。

演習課題

保育者の連携により担任と保護者との信頼関係が形成されることを通して，子どもにどのような影響があると予想できるか。

課題を考えるためのアドバイス

保育者は，母親の忙しい生活に共感的理解を示し，おうたくんの成長を示す保育所での様子を伝えることで母親が子育てへの自信をもつよう支援した。このような対応を通して，母親の気持ちに余裕が生まれ，おうたくんに対して落ち着いて対応することが期待される。母親のそのような変化を感じ取り，おうたくんの気持ちも安定するのではないだろうか。

保育者どうしは支え合い，よりよい保育をつくっていく仲間である。子どもたちへの発達援助を通してそのような仲間であることを再認識することが協働であるといえよう。

2. 家庭との協働

保育所や幼稚園での集団生活を送る子どもは一日の大半を園と家庭で過ごしている。このような子どもたちの発達を援助するために保育者は，家庭での子どもの生活についても理解する必要がある。そのことによって，保育所や幼稚園での援助的かかわりと家庭での保護者からのかかわりに一貫性をもたせ，子どもの発達の効果的な援助につなぐことができるのである。

事例 6-27
行事への保護者の参加　（5歳女児　8月）

毎年8月に保育所が主催する夏祭りがあり，保護者もテント張りやテーブルの運び出し，材料の買い出しなどを手伝う。まさよちゃんの母親は普段はまさよちゃんの送迎を祖母に任せており担任とかかわることはほとんどなかったが，何度か打ち合わせを行う中で担任とことばを交わすようになった。母親は，保育所のことはいつも祖母に任せきりで申し訳ないと思っていたこと，保育所での最後の夏祭りにはなんとか協力したいと思い，仕事の休みを取るつもりであることを話した。このことをきっかけに，母親が連絡帳などで家でのまさよちゃんの様子を担任に伝えることが増えた。

演習課題

行事の後でまさよちゃんの母親に対して保育者としてどのようなことばをかけたらよいか。

課題を考えるためのアドバイス

行事への協力をねぎらい，母親の参加がまさよちゃんにとってもうれしいできごとであったこと，今後も連絡帳などでまさよちゃんの様子を伝え合うなど，情報交換をしてまさよちゃんの発達を支援していきたいことを伝える。

保育者は保護者から家庭での子どもの生活について聞くだけでなく，子どもたちが保育所や幼稚園でどんな遊びをしているか，友だちと遊べているかなど，園での様子を保護者に伝え，普段から子どもに関する情報を保護者と共有しておくことが大切である。子どもについて保護者となんでも話せる雰囲気をつくり信頼関係を築いておくことで，保護者は子育てへの不安などを問題が大きくなる前に話すことができる。また，保育知識を提供したり，保護者どうしの関係をつなぐことも保育者として子どもの成長を支援していくうえで重要である。

事例 6-28
連絡帳を通した情報交換　（3歳女児　11月）

乳児クラスでは保護者に連絡帳でその日の保育の様子を伝えている。保育者はみちこちゃんの連絡帳に，「今日，『さんびきのこぶた』の絵本を読みました。みちこちゃんはお話を最後までしっかり聞いてくれていました。おおかみが『わらの家』を吹き飛ばす場面が気に入ったらしく，みちこちゃんは絵本を読んだあとも何度もそのポーズをとっていました。」と書いた。そして，翌日，「家でも絵本を毎日寝る前に読んでやるようにしています。昨日は帰ってからもおおかみのポーズを楽しんでいました。私もまねをして一緒に笑いました。今度，図書館で『さんびきのこぶた』の絵本を借りてきて，みちこに読んでやろうと思います。」と母親が書いてきた。

演習課題
連絡帳に記入する際に，保育者として気をつけることは何か，考えてみよう。

課題を考えるためのアドバイス

連絡帳では，保護者に対する要望や指示ばかりでなく，子どもの長所や成長を示すエピソードや保育活動の内容を伝えるなど，保護者が子どものその日の園での様子を具体的にイメージできるよう留意する。また，保護者の苦労や協力をねぎらい子育てへの意欲が高まるよう励ますことも大切であろう。保護者が「先生はうちの子どもをしっかり見守ってくれている」「私たち親のことも気にかけていてくれる」という思いをもつよう配慮する。

3. 専門機関との協働

ことばが遅い，逸脱行動が目立つなど，特定の子どもに気になる行動が継続して見られ，担当の保育者や他の職員ではどのように対応すべきかの判断が難しい場合には，保護者の同意を得て，児童相談所や保健センターなどの専門機関と協力する場合がある。保育者として多くの子どもに接していても，専門的機関へ相談に行くべきかどうかの判断は難しい。日ごろから信頼できる相談機関をもち，相談しやすい環境をつくっておくことが大切である。専門機関との協働に備えて，子どもにかかわっている保育者がしておかなければならないことは，保育の記録である。毎日接しているとその子どもの発達の伸びやおくれに気づきにくい。継続して記録することで子どもの行動の変化がわかりやすくなる。また，そのような記録が，専門機関で子どもの処遇を決める際に非常に重要な資料となるのである。

事例 6-29
発達の記録を専門機関へ伝える　（2歳8か月男児　1月）

　だいきくんは1歳から保育所に通っているが，まだ2語文が言えない。階段を片足で交互に上ることができないなど，全般的に発達がおそいが，母親は育児に積極的ではなく，教育的な働きかけは期待できない。母親から発達相談を受けることの了解を得ることができたので，担当の保育者が付き添い，保健センターで専門家による発達検査を受ける。初語や独歩が見られた年齢について専門家から尋ねられても母親は答えられず，保育者が母親に代わり，これまでだいきくんを担当した保育者から引き継いだ記録に基づいて答えた。

演習課題

発達検査などの場面で保護者に付き添う時に気をつけることは何か，考えてみよう。

課題を考えるためのアドバイス

　母親に代わってだいきくんのこれまでの発達状況を説明する際には，専門家からの質問に保育者が代わりに答えてよいかどうかを母親に聞き，保護者としての自尊感情を傷つけることのないように配慮しなければならない。

　保育者は保護者と専門機関をつなぐ役割をもつ。必要に応じて，事前に子どもの園での生活の様子を専門機関に伝えたり，子どもの発達のおくれに対する保護者の理解の有無，家族関係，きょうだいや祖父母などの社会的サポートの有無などを専門機関に伝えることもある。

事例 6-30
保護者に関する情報を専門機関へ伝える（４歳５か月男児　５月）

ゆうじくんは４歳５か月であり，２語文は言えるが発音は聞き取りにくい。排泄の自立はまだできておらず，他児とかかわることができない。両親は過保護の傾向があり，ゆうじくんの発達レベルの客観的評価は難しく，特に父親はゆうじくんの知的な面への助言に対して拒否的である。発音の不明瞭さに関する助言をもらうためということでなんとか両親の了解が得られ，母親と担当の保育者が付き添い，ゆうじくんは保健センターで専門家による発達検査を受けることになった。そこで，保育者が事前に保健センターを訪れ，ゆうじくんの行動特徴について説明するとともに，保護者へ助言するうえで配慮が必要であることを保健センターの職員に伝えた。

演習課題
発達検査を受けることに積極的でない保護者への対応で気をつけることは何か，考えてみよう。

課題を考えるためのアドバイス
ゆうじくんのために保健センターに出向いたことをねぎらい，専門家から受けたアドバイスを確認し，それを促し，このような専門機関に来たことがゆうじくんの発達にとって非常に大切であることを伝える。

5　発達の連続性と就学への支援

1．発達の連続性

小学校に入学し，制服やランドセルを身につけ，決められたいすに座ってチャイムに合わせて学習する子どもたちは，それまでの保育所や幼稚園に通っていたころとはまったく違う発達段階に急に上がったようにたくましく見える。しかし，発達には個人差はあるものの，休止や飛躍はなく，心と身体は変化し続けている。就学後も，自己中心性といった幼児期の特徴はしばらく続くのである。幼児期の教育・保育と小学校教育は，お互いに独自の機関としてその目的を理解し尊重し合い，学びの連続性が保障されるよう，連携しなければならない。

事例　6-31
二次的ことば　（5歳男児　1月）

年長児クラスでは「お手紙ごっこ」がはやっている。「おてがみコーナー」に紙と鉛筆が準備されており，ポストが置かれている。まさおくんは「せんせいは　どんなたべものがすきですか？」と書かれた手紙を保育者にくれた。次の日，保育者は「せんせいは　あいすくりーむが　すきです。とくに　ちょこれーとあじが　すきです。」と書いた手紙をまさおくんに大事そうに渡すと，まさおくんはとてもうれしそうに読んでいた。

演習課題

まさおくんに返事を書く時，どのような点に気をつけたらよいと思うか。

課題を考えるためのアドバイス

ひらがなで読みやすい大きさと分かち書きで書くこと，話しことばのように省略せずにきちんとした文章を書くこと，「お手紙をもらってうれしい」という気持ちを伝えることなどがあげられる。

小学生になると**二次的ことば**を使う場面が増える。二次的ことばを使用する際に大事なことは，「です」「ます」を使うことだけではなく，同じ状況を共有していない相手にことばの文脈だけで内容が正確に伝わるよう，表現を考えるということである。日常の保育場面において保育者がそのような話し方や書き方のモデルを示すことが大切である。

2. 保育所・幼稚園と小学校の違い

(1) 生活における違い

保育所・幼稚園では，登園すると子どもたちは準備された環境のもとで個々に好きな遊びを始める。そして，子どもたちが集まり，保育活動の準備が整うと，保育者からの促しによってさまざまな活動に入っていく。園によりあるいは時期によって生活ペースの違いはあるが，子どもたちは比較的緩やかな流れの中で園での生活を送る。

それに対して，小学校では，明確な学習時間の区切りがある。授業時間や休み時間，給食の時間などはチャイムで区切られ，子どもたちはそれに合わせて一斉に行動することを求められるのである。

事例 6-32
じょうろの製作　(4歳児　5月)

登園したなつきくんは，ロッカーにカバンを入れてスモックを着て園庭に出ると，前日に植えたミニトマトの苗に保育者が大きなじょうろで水をやっているのを見つけて手伝う。そのうちしゅんとくんやじゅんこちゃんも加わり，一緒にじょうろに水を入れて運ぶ。保育者が「このじょうろは大きくて重いから，今日はみんなでペットボトルでじょうろを作ろうか」と話すと，なつきくんたちは「作りたい」「それがいい」と言う。保育者が材料置き場にペットボトルやビニールテープなどを取りに行くと，クラスのほかの子どもたちも集まってきて一緒に教室に運ぶ。教室でじょうろの製作が始まった。

演習課題

じょうろを製作する際の子どもたちの気持ちの流れを予想してみよう。

課題を考えるためのアドバイス

前日に植えたミニトマトに水をやるために自分たちのじょうろを作ろうと保育者に提案され，製作への動機づけが高まる。そして，保育者が準備した材料を使い，子どもたちはビニールテープを貼ったり絵を描いたり，思い思いに製作を楽しみ，課題への達成感を獲得していく。

保育所や幼稚園では，チャイムによって保育内容を区切ることはなく，保育者のいる位置やことばかけ，あるいは他児の行動から，子どもは次にどのような行動をとればよいかを理解し，まわりの動きを見て園での生活をすすめていく。子どもたちは，学習時間の区切りは意識せず，保育の緩やかな流れの中にあるが，一つひとつの課題への達成感を感じながら，集団生活の中でさまざまな経験を重ね，学んでいく。

(2) 学びにおける違い

保育所や幼稚園では，子どもの主体性と自発性を大切にし，子どもは生活や遊びを通して環境の中で学んでいく。遊ぶことが子どもの生活そのものであり，保育者によって整えられた環境の中で，子どもたちは物や人とかかわる過程それ自体を楽しみ，その結果として無自覚に学んでいる。

それに対して，小学校では，時間割が決められ学習指導要領に則して授業が行われ，共通テストを実施して到達度を評価する。授業はほとんどが教室における一斉授業であり，学級の児童全員が同じ教科，内容について目標を意識して自覚的に学ぶ。

事例 6-33
すべり台　（3歳児　9月）

かずおくん，ひろしくん，りゅうこちゃんが，園庭のすべり台で遊んでいる。かずおくんがひろしくんを抜かそうとしたので，りゅうこちゃんがかずおくんの腕をつかみ，「じゅんばん，じゅんばん」と言って引っ張る。かずおくんはしかたなくひろしくんの後ろに並ぶ。

演習課題

保育者としてどのようなことばをかけるか，考えてみよう。

課題を考えるためのアドバイス

「かずおくんは早くすべりたかったんだね。でも順番だもんね。すべり台はみんなで遊んだら楽しいね」と，まずはかずおくんに**共感的理解**を示し，遊びのルールを守ることが大切であるというりゅうこちゃんの指摘を支持し，ルールを守ることを通してみんなで楽しく遊べることを再確認させる。

小学校学習指導要領の生活科の目標の中に，生活上必要な習慣や技能を身に付けることがあげられている。遊びのルールを守ることもみんなで生活していくためには必要なことであり，保育所・幼稚園では生活や遊びの中でそれを学んでいる。

(3) 教師との関係における違い

保育所や幼稚園においては，環境とのかかわりの中で，一人ひとりの育ちや学びが大切にされ，遊びを通して子どもたちのさまざまな力が育まれていく。保育者は子どもの主体性と自発性を大切にして環境を設定し，子どもの活動に対して応答することで，子どもたちの学びを支える。

それに対して，小学校ではすべての子どもに到達させなければならないカリキュラムがある。教師はカリキュラムに基づいて授業を行い共通テストを実施して到達度を評価する。子どもの主体性や自発性を大切にすることは言うまでもないが，小学校の教師における監督者としての役割は大きい。

事例 6-34
おばけやしきごっこ　（5歳児　11月）

としおくんとかんたくんが始めたおばけやしきごっこが発展していき，クラス全員で取り組むことになった。「おばけやしき」という看板を作ったり，怖いお面を作ったり，入場券を作ったり，大型積み木で入り口を作ったりと，おばけやしきのイメージをことばで説明し合い，そのイメージを共有し，子どもたち一人ひとりが自分の役割を見つけておばけやしきごっこが続いていった。

演習課題
子どもたちが始めたおばけやしきごっこを，保育者はどのように援助するか，考えてみよう。

課題を考えるためのアドバイス
新聞紙，紙テープ，マジックなど，保育者は製作のために子どもが要求してくるものをできるだけ事前に予想し，準備することが大切である。また，子どもの主体性を大切にして環境を整えることが重要である。

3．就学への支援

(1)　小学校との連携の目的

小学校に入学した子どもたちは，それまで園の中で一番年長で体も大きく，年少の子どもたちにはできないことをこなし，自信をもって活動してきた。そのような状況から，自分たちよりも大きい大勢の子どもや先生がおり，たくさんの教室がある小学校で，体が一番小さく，学校生活の流れや何がどこにあるのかも知らない立場におかれ，それまでに獲得されてきた自信がゆらぐこともあろう。

また，保育所や幼稚園では遊びを中心とした教育・保育を受け，自分の意思で主体的に活動する習慣を身に付けたにもかかわらず，小学校へ入ると，チャイムの音に合わせて着席し，机の前にじっと座って学ぶ一斉授業に直面して混乱することもあるかもしれない。

保育所や幼稚園と小学校との連携の目的は，幼児期の教育・保育の成果を小学校での学びに生かすことと，子どもたちが園での生活と小学校での生活との違いにとまどい，不適応状態に陥ることを予防することにある。

事例 6-35 就学への期待と不安（５歳男児　２月）

ゆきおくんは保育所につくとすぐに保育者のところへ行き，「先生，ランドセル買ってもらったの」と話す。「よかったねえ。何色？」「黒でピカピカ光ってるの」「すごいね。そこに教科書っていう本を入れて学校に行くんだね」「うん。でもお姉ちゃんが，『小学校へ行ったら宿題っていう勉強があって，それをしないと怒られる』って言ってた」と，ゆきおくんは少し緊張して言う。

演習課題

ゆきおくんの気持ちを予想してみよう。

課題を考えるためのアドバイス

ゆきおくんは，まわりのおとなから，就学することへの励ましや喜びのことばをかけられ，自分が成長したことを自覚し，小学校生活への期待を感じていることが予想される。しかし，同時に，どのような生活が始まるのかわからず不安な気持ちもともに感じているであろう。保育者は，ゆきおくんの不安な気持ちを受け止めそれが高まらないように配慮し，期待する気持ちや成長したことへの自信を感じ続けられるようにことばをかけることが大切である。

(2)　連携の種類

保育所・幼稚園の子どもたちが小学校へ行き，教室の様子や小学生の活動の様子を見学したり，小学生たちが保育所や幼稚園を訪問して一緒に遊んだりなど，子どもどうしの交流が行われることがある。互いの環境の違いを知っておくことは就学後の交流をスムーズにすすめていくうえで効果的であろう。

また，保育者と小学校の教師とが情報を交換，共有する機会をもち，幼児期の教育・保育の成果を小学校での学びに生かすためのカリキュラムの連続性の配慮などを話し合う場合もある。

保幼小連携とは，単に小学校での学習の準備を保育所や幼稚園で行うことではない。保育所や幼稚園での教育・保育を通して子どもたちが身に付けた自己調整能力，ことばの力，学びへの意欲など，生きる力を大切にし，それが小学校においても発揮できるように，発達の連続性を配慮して連携をすすめることが重要である。

6

事例 6-36
就学への支援　（5歳女児　3月）

「先生，小学校って　どんなとこ？」とさとみちゃんが聞いてきた。「小学校も幼稚園と同じようにお友だちがいっぱいいて，みんなでお勉強するのよ」「どんなお勉強？」「そうねえ，さっちゃんは，お歌が好きよね。小学校に行ったらもっといっぱいお歌を教えてもらえるし，ハーモニカとか縦笛なんかも教えてもらえるのよ」「ふ～ん，そうなんだ。楽しみ」

演習課題

就学に向けてどのような支援が大切であるか，考えてみよう。

課題を考えるためのアドバイス

就学に向けて必要なこととしては，身辺自立ができていること，先生の話を理解できること，集団の中で意欲的に自己発揮でき，自分勝手ではなくみんなと一緒に生活することの楽しさを感じ，友だちを大切にできていることなど，枚挙にいとまがない。しかし，何よりも，「小学校へ行ったらいろいろなことを教えてもらえる，学べる」という学びへの期待や意欲をもたせることが大切であろう。

6　子どもの発達と保育の課題

日本保育学会では創立50周年を記念して『わが国における保育の課題と展望』を出版し，制度上，内容・方法上，研究上の課題や，保育者養成および現職教育に関する課題を取り上げている[3)]。その中で，保育の内容・方法上の課題としては，地域の住民の育児力を高める子育て相談など，地域に開かれた保育を進めていく必要性や，働く母親の増加や就業形態の多様化，および外国籍幼児の増加といった社会状況の変化に対応していくこと，保育内容の質を高め，保幼小連携をすすめていくことの重要性があげられている。

同様に，森平は，保育所の課題として，就労形態の多様化や女性のライフサイクルの変化など保護者の保育ニーズの変化に対応することや，待機児童の解消を指摘している。また幼稚園の課題としては，核家族化の進行や近隣関係の希薄化など子どもをめぐる地域ネットワークが弱体化する中で，家庭や地域における子育て力の低下が著しいという背景から，さまざまな保育サービス供給体制の整備をすすめる必要性と，保育サービスにかかわる情報提供のしくみの整備をすすめる必要性，そして，保幼の連携，保幼小の連携，家庭・地域の連携をあげている[4)]。

これらをまとめると，近年の保育の課題としては，地域に開かれた保育，社会状況の変化に伴う保育ニーズへの対応，保幼小の連携が一貫してあげられているといえよう。

社会の変化に伴う子どもたちの生活の変化を理解し，子どもたちの気持ちや子どもを取り巻く状況に敏感に対処するとともに，子どもたちが発達の途上にあり，そのような変化に対処できる柔軟性や環境に適応する力を獲得しつつあることをふまえて，子どもたちの発達の見通しをもちながら支援することが必要であると考えられる。

事例 6-37 園庭開放（2歳児）

園では月に2回の園庭開放があり，未就園児と保護者が集まって遊ぶ。まみちゃんが砂場で遊んでいると，さとしくんが，まみちゃんの持っていたカップを取り上げて遊び始めた。まみちゃんは驚いて泣き，さとしくんの母親はまみちゃんに謝り，さとしくんを叱った。保育者が気づき「一緒に遊びたかったのね」とさとしくんに言い，「さとしくんはまみちゃんと一緒に遊びたいんだって」とまみちゃんに言った。とまどっていた母親たちはほっとして微笑み合い，子どもたちを遊ばせ始めた。

演習課題

園庭開放のような地域支援にはどのような機能があるか，考えてみよう。

課題を考えるためのアドバイス

①安全な環境で他児と交流ができる

近くに子どもと同年代の遊び友だちがいないという悩みをかかえる保護者は多い。園には大勢の子どもたちが集まり，走ったり泥んこになったりできる空間，遊具があるので，保護者は安心して子どもを遊ばせることができる。

②保護者どうしの交流

公共の公園などでは，すでにできている保護者どうしのグループがあるために，そこに新たなメンバーとして参入することがためらわれることがある。園では保育者が見守る安心感から，初めて出会う保護者どうしも会話がしやすい。

③育児相談

担当の保育者がいることで育児に関する心配ごとを聞きやすい。

④保育知識

他児の遊ぶ様子や他の親子のかかわり方，保育者の子どもに対する接し方を見て，子どもの遊ばせ方，子どもへのかかわり方など，保護者は子育てに関する知識を得ることができる。

（玉瀬友美）

推薦図書

●『汐見先生の素敵な子育て「子どもの身体力の基本は遊びです」』

汐見稔幸　旬報社

子どもにとってのスポーツは遊びと同じではないことなど，遊びの大切さを再認識できる本である。

●『0～3さいはじめての「ことば」―ことばの疑問あれこれ―』

小林哲生　小学館

Q&A 方式でことばの発達の疑問に答える本である。子育て中の保護者の疑問にどう答えるかのヒントが満載である。

●『子ども虐待』　西澤哲　講談社　現代新書

児童虐待のメカニズムや子どもの心のケアについて学びたい方へおすすめ。

【文　献】

1）柏木恵子　1988『幼児期における「自己」の発達：行動の自己制御機能を中心に』東京大学出版会

2）鯨岡　峻　1995「社会性」『発達心理学辞典』ミネルヴァ書房

3）日本保育学会　1997『わが国における保育の課題と展望』世界文化社

4）森平菜津子　2006「保育の現状と課題」『よくわかる保育原理』ミネルヴァ書房

保育の心理学

―― 子どもの心身の発達と保育実践 ――

2012年 4月 5日　初版第1刷発行
2016年 1月 15日　初版第4刷発行

監修者　福 沢 周 亮
編　者　藪 中 征 代
　　　　星 野 美 穂 子

発行者　小 林 一 光
発行所　教 育 出 版 株 式 会 社
〒101-0051　東京都千代田区神田神保町 2-10
TEL 03-3238-6965　振替 00190-1-107340

印刷　藤原印刷
製本　上島製本

ISBN978-4-316-80345-6 C3037